WHEN HISTORY MEOWS

如果歷史是一群喵 6

魏晉南北篇

肥志 編繪

國家圖書館出版品預行編目 (CIP) 資料

如果歷史是一群喵 . 6, 魏晉南北篇 (萌貓漫畫學歷史) / 肥志編 . 繪 . -- 初版 . -- 新北市 : 野人文化出版 : 遠足文化發行 , 2020.08
面； 公分
ISBN 978-986-384-450-1(平裝)

1. 中國史 2. 通俗史話 3. 漫畫

610.9 109010472

Graphic Times 20

如果歷史是一群喵 6
魏晉南北篇

繪　　者　肥志
編　　者　肥志

社　　長　張瑩瑩
總 編 輯　蔡麗真
主　　編　鄭淑慧
責任編輯　徐子涵
行銷企畫　林麗紅
封面設計　林遠志　周家瑤
內頁排版　林遠志　洪素貞　許庭瑄

出　　版　野人文化股份有限公司
發　　行　遠足文化事業股份有限公司 (讀書共和國出版集團)
地址：231 新北市新店區民權路 108-2 號 9 樓
電話：（02）2218-1417　傳真：（02）8667-1065
電子信箱：service@bookrep.com.tw
網址：www.bookrep.com.tw
郵撥帳號：19504465 遠足文化事業股份有限公司
客服專線：0800-221-029
法律顧問　華洋法律事務所　蘇文生律師
印　　製　凱林彩印股份有限公司
初版首刷　2020 年 8 月
初版 13 刷　2023 年 10 月

如果歷史是一群喵 (6)
線上讀者回函專用 QR CODE，您的寶貴意見，將是我們進步的最大動力。

野人文化官方網頁

序

告別紛亂的「三國」，《如果歷史是一群喵》接下來要和大家一起進入一段更加動盪的歲月。它以西晉為開端，跨越東晉十六國、南北朝，直到最後隋統一天下——前後三百多年，被史學家稱為「兩晉南北朝」。

畫這樣一段歷史之前，我問了不少朋友對它的印象。

得到的結論是：這段歷史真的太「冷」了！很多朋友只能說出佛教、少數民族、淝水之戰……然後，就沒有然後了。

想一想，這也情有可原。

「兩晉南北朝」時間雖然長，可起起落落聚集了二十多個國家；它還是胡漢融合的特殊時期，各種利益糾葛混亂如麻；加上缺少《三國演義》這樣的名著渲染，除了「動盪」，它實在難以給人留下太多其他印象。

所以，在創作之初，我給自己定了一個小目標：要用關鍵的人和事為線索，讓大家對「兩晉南北朝」有個基本的印象。在北邊，本書會選擇劉漢、前秦、北魏、北周、北齊、隋來描繪北方的演進；在南邊，則會重點講述從東晉到陳朝，南方為什麼總會被動地挨打。

在此，要特別感謝工作室裡每一位陪我工作到深夜的夥伴。沒有他們在《晉書》、《北史》等書裡徜徉，很難想像這段歷史能這麼快呈現給大家。

希望本書的出版能讓讀到它的朋友對「兩晉南北朝」不再陌生。如果您因此還願意跟他人分享這段歷史，那將會讓我們感到更大的幸福。

最後，再次感謝大家對《如果歷史是一群喵》的支持！

下回再見。

目錄

正文讀取順序從左往右，
對白、注釋以及編者按讀取順序從右往左。

第六十五回 ◉ 烈烈南風

晉的統一，

王仲舉《魏晉南北朝史》：
「公元二八〇年，晉武帝出兵滅吳，重新統一中國。」

終於**結束**了近百年來的**三國亂世**。

傅樂成《中國通史》：
「中國陷於戰亂分裂者九十餘年，至此又告統一。」

天下**稍微**……**恢復**了點元氣。

范文瀾《中國通史》：
「在短暫的太康年間……（晉）有限度地恢復久遭破壞的社會生產力。」

可晉這個皇朝……

朱紹侯《中國古代史》：
「（晉）在經濟上發展的同時，一些隱患已顯現了出來。」

卻是個**悲慘**的皇朝。

作為**晉的皇族**——
司馬家從三國時期起就**「算計」**著。

傅樂成《中國通史》：
「司馬氏的得勢，自司馬懿始……歷仕曹操及魏文帝、明帝祖孫三代。」

可以說，
前幾代**家主**個個都**老謀深算**。

唐長孺《魏晉南北朝隋唐史講義》：
「司馬懿發動政變，殺死掌握政權的曹爽，從此以後，曹魏政權完全落於司馬氏的手中……司馬昭平定蜀漢，樹立了更高的威望……司馬炎於公元二六五年代魏稱帝改國號為晉，建都洛陽。」

這才熬死一堆英雄，
統一了天下。

張大可《三國史》：
「司馬氏藉曹魏基業而成統一。」

但到了新一代的**繼承人**呢……

白壽彝《中國通史》：
「司馬炎死後，其子司馬衷即位，這就是晉惠帝。」

呃……卻是個**智障**……

傻子

白壽彝《中國通史》：「司馬炎的長子司馬衷是近乎於白癡的低能兒。」

說他智障，
真的是**字面意思**……

屬實

例如**饑荒**的時候，
喵民們**無飯可吃**。

報告皇上！今年饑荒，喵民們已經吃不上飯了！

《資治通鑒．卷八十三》：「時天下荒饉，百姓餓死……」

「善良」的他，

竟然說……

《資治通鑒．卷八十三》：
「……帝聞之，曰：『何不食肉糜？』」

你說大臣該有啥**反應**……

傅樂成《中國通史》：
「惠帝賦性低能，武帝時即有若干朝臣，認為他不堪承繼帝位。」

那麼作為一個**智障**皇帝
又怎麼**管理朝政**呢？

《晉書．帝紀第三》：「（晉武帝）爰至末年，知惠帝弗克負荷……遂與腹心共圖後事。」

這就涉及到一個**關鍵角色**。

她，就是**皇后賈南風喵**。

《晉書．列傳第一》：「惠賈皇后，諱南風，平陽人也。」

這皇帝傻……
自然需要**有人幫**。

仇鹿鳴《魏晉之際的政治權力與家族網路》：
「武帝……利用皇權的力量重組西晉政治的權力結構，從而保證皇帝的權威不再受到挑戰與威脅，進而鞏固太子（司馬衷）的地位。」

大臣呢……是**靠不上**了。

仇鹿鳴《魏晉之際的政治權力與家族網路》：
「隨著太子年齡的增長，他的愚魯成了朝中大臣普遍擔憂的問題……而齊王攸（司馬炎族弟）通過一系列政治姿態，成功地塑造了自己宗室賢王的形象，贏得朝野上下普遍好評……這是武帝絕不能容忍的。」

於是乎，
皇后南風喵就成了**輔佐傻皇帝**的其中**一個**。

仇鹿鳴《魏晉之際的政治權力與家族網路》：
「賈充其女是賈南風……武帝使賈充聯姻太子，從而表達出對太子地位的支持。」
白壽彝《中國通史》：
「賈充官任侍中、尚書令、車騎將軍，是朝內最有權勢的臣下，素有宰相之稱。」

以**太后**為首的**老媽黨**，

范文瀾《中國通史》：
「楊皇后生晉惠帝……晉武帝有意造成楊氏勢力……與皇族勢力合成輔佐帝室的雙翼。」

和**她**自己為首的**老婆黨**，

王仲犖《魏晉南北朝史》：
「賈后……依靠的是族兄賈模、內侄賈謐、舅母郭彰這些親黨。」

雙雙上陣！

然而……風風的**野心卻極大**。

《資治通鑑．卷八十二》：
「……賈后險悍，多權略，忌之。」

《晉書．列傳第一》：
「惠賈皇后……父充……」
仇鹿鳴《魏晉之際的政治權力與家族網路》：
「賈充作為西晉的重要功臣，是晉初政治中的關鍵人物，位高權重。」

她出身於**世家大族**，

不但**長得醜**……

《資治通鑑．卷七十九》：
「賈氏種妒而少子，醜而短、黑。」

呃……而且**心黑**啊……

《資治通鑑．卷八十二》：「賈后之為太子妃也，嘗以妒，手殺數人，又以戟擲孕妾，子隨刃墮。」

作為**輔佐**皇帝的**外戚雙保險**，

《晉書．列傳第十二》：「陛下（晉武帝）……以妃后外親，任以朝政……」

老媽黨和老婆黨本應**互相合作**才是。

仇鹿鳴《魏晉之際的政治權力與家族網路》：「武帝……目的在於擴大外戚陣營，輔翼不慧的太子，從而加強統治的基礎。」

但咱們的**風風**呢？

她不同意！

嗤！

《資治通鑒．卷八十二》：
「賈后不肯以婦道事太后，又欲干預政事……」
仇鹿鳴《魏晉之際的政治權力與家族網路》：
「武帝一去世，楊、賈兩族之間關係便宣告破裂。」

憑藉著自己的**手段**，

喂？在嗎？那個老妖婆很囂張。

南風喵先是**利用**傻皇帝的**親王們**

幹掉了老媽黨。

朱紹侯《中國古代史》：「惠帝皇后賈氏乃密召都督荊州諸軍事的楚王瑋入京，殺楊駿及其黨羽……又囚殺楊太后……」

等老媽黨被**清除**後，

又轉過頭來**幹掉親王們**。

王仲犖《魏晉南北朝史》：「汝南王司馬亮和元老衛瓘共執朝政，賈后仍不得專權……賈后叫惠帝下手詔給司馬瑋，令其率領北軍殺司馬亮、衛瓘。等到司馬瑋執行命令殺了司馬亮等人後，賈后又否認惠帝曾經下過這道詔書……殺了司馬瑋。」

中央大權就這樣
一步步**落入**南風喵手中。

仇鹿鳴《魏晉之際的政治權力與家族網路》：「通過這一連串的手段，（賈后）為自己獨攬朝政清除障礙。」

仇鹿鳴《魏晉之際的政治權力與家族網路》：「惠帝司馬衷由於智力低下，缺乏掌控複雜政治局面的能力，失去了皇權的平衡與仲裁。」

而在這**期間**，
傻皇帝**全程**如同**擺設**……

呃……不過，
他倒還有一件事**「威脅」**著南風喵……

那就是，

傻皇帝竟然有一個**聰明**的**太子**。

《資治通鑒．卷八十二》：

「（二九〇年）秋，八月，壬午，（晉惠帝）立廣陵王遹為皇太子。」

《資治通鑒．卷八十三》：

「太子（遹）聰明剛猛……」

而太子……卻**不是**南風喵**親生**的。

傅樂成《中國通史》：

「太子遹為惠帝妃謝氏所生。」

這哪裡是南風喵**能忍**的？

傅樂成《中國通史》：

「太子（遹）……素受賈后嫉視。」

於是乎，
南風喵隨便找了個**藉口**，

白壽彝《中國通史》：
「賈后設計，將太子灌醉，因使太子書寫犯上謀亂之書，然後當惠帝於式乾殿會群臣時，出太子手書遍示之，群臣看後，未敢有異議，均附合（和）賈后賜太子死的建議。」

就把太子給「辦」了……

《資治通鑑．卷八十三》：
「賈后使太醫令程據和毒藥。矯詔使黃門孫慮至許昌毒太子……慮逼太子以藥，太子不肯服，慮以藥杵椎殺之。」

皇帝被架空，

太子被幹掉，

傅樂成《中國通史》：
「賈后遣人毒殺太子……」

晉朝的**中央皇權**
從此完全由**南風喵把控。**

司馬氏的統治**岌岌可危啊……**

仇鹿鳴《魏晉之際的政治權力與家族網路》：
「武帝晚年精心設計的身後安排，在其死後不到一年內便分崩離析……賈皇后作為一系列血腥政治鬥爭的勝利者，掌握了政權。」

然而，
作為一個心狠手辣的**「陰謀家」**，

傅樂成《中國通史》：
「賈后利用瑋殺亮及衛瓘。接著賈后又藉『專殺』的罪名誅瑋……從這些事，可以看出賈后手段的毒辣高強。」

南風喵雖然**血洗統治階級**，

但專政期間卻**任用能臣**，

《資治通鑑．卷八十二》：
「（張）華盡忠帝室，彌縫遺闕，賈后雖兇險，猶知敬重華；賈模與華、同心輔政……」

某種程度上使國家**安定發展**。

《晉書．列傳第六》：
「……雖當暗主虐後之朝，
而海內晏然，華之功也。」

呃，起碼……比傻皇帝強……

然而，

南風喵以鐵血的手腕雖**奪得了權力**，

范文瀾《中國通史》：
「賈皇后殺楊駿，奪得政權。賈皇后使汝南王司馬亮輔政，使楚王司馬瑋殺司馬亮。賈皇后又殺司馬瑋……廢太子，執掌朝政。」

但**殺太子**的行為，
卻**破壞**了晉朝的**皇權體系**。

《資治通鑑・卷八十三》：
「太子既廢，眾情憤怒……
乃說孫秀曰：『……今國無
嫡嗣，社稷將危……』」

既然太子都沒了，
皇帝的位子由誰來坐呢？

這「狀況」如同**誘餌**一般，

仇鹿鳴《魏晉之際的政治權
力與家族網路》：
「太子被殺……成為點燃
新的政治風暴的導火索。」

讓**建國**初期分封的**諸侯王們**

開始**露出獠牙**。

白壽彝《中國通史》：

「一部分宗王……既能持節掌握一方軍政，又能操縱左右中央的朝權，權力過重，野心膨脹……」

一場前所未有的**風暴即將降臨**……

仇鹿鳴《魏晉之際的政治權力與家族網路》：

「太子被賈后所殺，剛剛獲得近十年喘息時間的西晉政權，重新面臨山雨欲來之勢。」

根柢未深的晉朝，又將**何去何從**呢？

（且聽下回分解。）

編者按

晉，發於亂世，歷經三代人的苦心經營，終於在司馬炎這一代開基立業。於新生政權來說，此時應該是休養生息、恢復國力以鞏固統治的時候。可是，司馬炎的繼承人卻沒能擔負起這個歷史使命。掌權人勢微而其他集團勢強，政局必然不穩；掌控地方的宗室、身居高位的重臣都是潛在威脅。為了鞏固皇權，依靠外戚成為司馬炎的最終選擇。通過聯姻，外戚與皇權緊密結合在一起，外戚成為皇權統治的輔助力量，進而強化皇權的統治基礎。可是，司馬炎沒有想到的是，用以鞏固皇權的外戚，竟成為了這個體系中最先鬆動的一環，正是他們攪動風雲，引發了新一場爭權奪利的暴風雨。

賈南風——烏龍（飾）

參考來源：《晉書》、《資治通鑒》、白壽彝《中國通史》、傅樂成《中國通史》、范文瀾《中國通史》、朱紹侯《中國古代史》、張大可《三國史》、王仲犖《魏晉南北朝史》、唐長孺《魏晉南北朝隋唐史講義》、仇鹿鳴《魏晉之際的政治權力與家族網路》

附 錄

【還有誰】

賈南風十分善妒，
容不得別的女人
懷上司馬衷的孩子；
她還曾經用飛戟
丟向懷孕的妾。

【太后退散】

賈南風殺人如麻，
卻十分怕鬼。
為了防止太后的鬼魂報復，
她特意求來符文、藥物等
來「平息亡魂」。

【寶貝女兒】

賈南風對太子心狠手辣，
但對親生女兒十分寵愛。
女兒生病時，
她立刻大赦天下祈福。

一群喵檔案

烏龍小劇場

《說出你的願望》

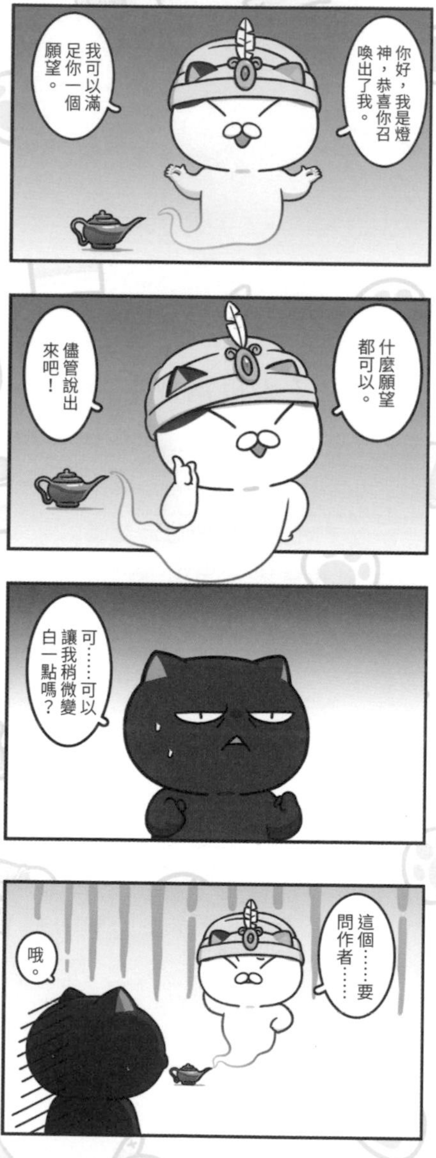

《褪色》

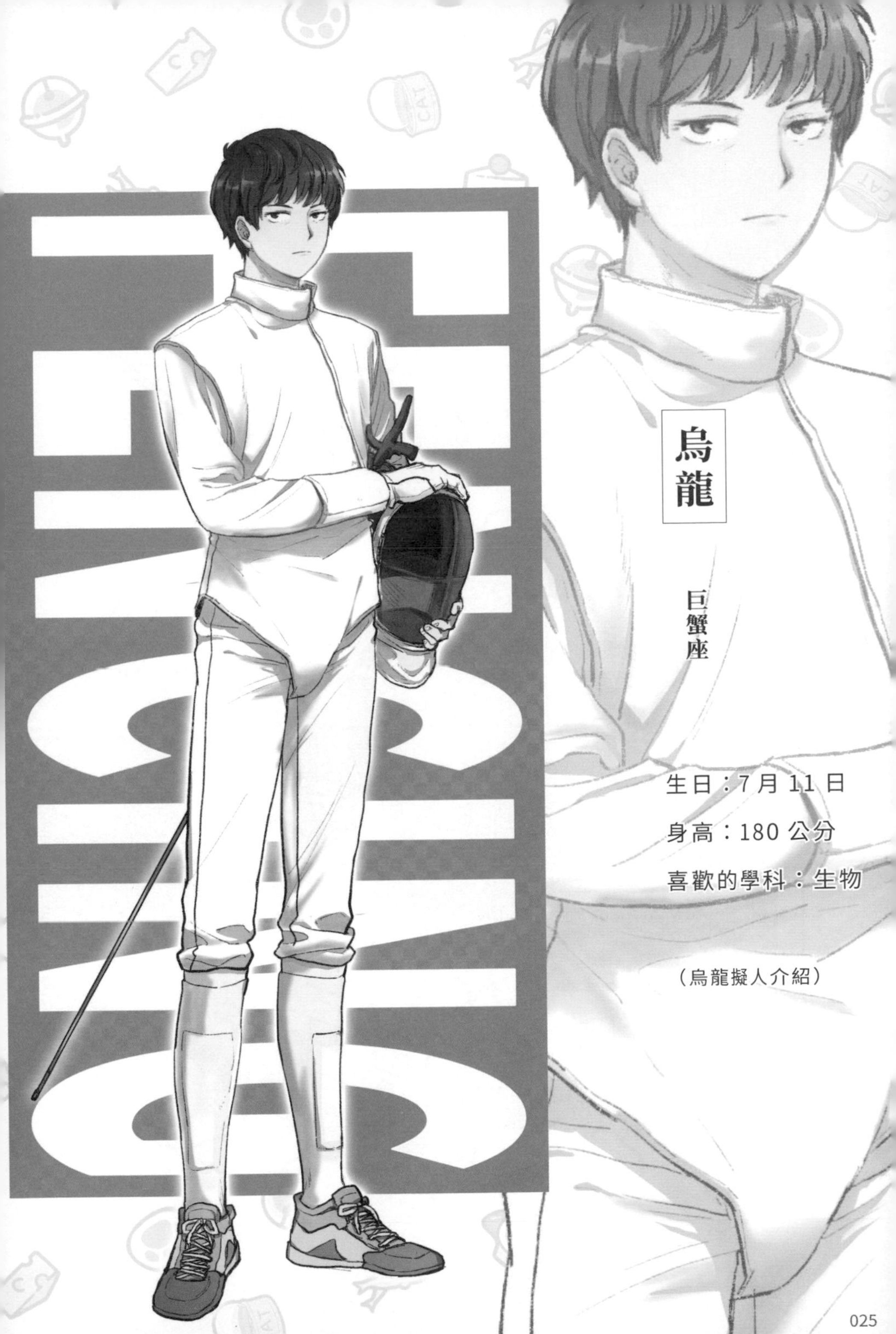

烏龍

巨蟹座

生日：7月 11 日

身高：180 公分

喜歡的學科：生物

（烏龍擬人介紹）

烏龍的遊戲空間
Wulong's Game Zone

第六十六回◉八王之亂

晉皇朝剛「開張」時，

就任命了很多**「安全科科長」**。

（也就是諸侯王。）

陳寅恪《魏晉南北朝史講演錄》：

「司馬炎廢魏元帝，自己做了皇帝，改元泰始。此年分封諸王……」

「科長」們全是皇帝的**叔伯兄弟**。

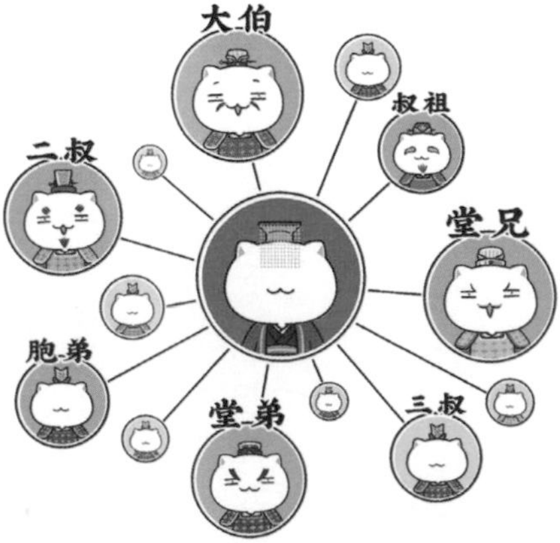

仇鹿鳴《魏晉之際的政治權力與家族網路》：

「在立國之初，司馬炎大封宗室諸王……封皇叔祖父孚為安平王，皇叔父幹（干）為平原王，亮為扶風王，伷為東莞王……所封二十七王。」

他們可以擁有自己的**軍隊**，

朱紹侯《中國古代史》：

「（司馬炎）逐步使諸王督各州軍事……諸王掌握了封國中的軍政大權，控制了相當多的軍隊。」

必要時，就得承擔起**保衛中央**的工作。

白壽彝《中國通史》：

「諸王統領重兵，出鎮許昌、鄴城、長安等處的戰略要地，用以拱衛首都洛陽。」

這本來是個保障新政權**早期穩定**的

「好法子」。

仇鹿鳴《魏晉之際的政治權力與家族網路》：

「（司馬炎）既沒有擔當過關鍵性行政職務，也沒有領兵出征或者鎮州郡的經歷……作為一個缺少堅實政治基礎的皇帝，宗室的力量是司馬炎穩固自身權力的重要助力。」

可惜呢，
老天的劇本卻**不打算**這麼寫……

仇鹿鳴《魏晉之際的政治權力與家族網路》：
「（司馬炎）希望通過眾建諸侯的方式，在其身後收到拱衛皇室的效果。一方面能夠收到內外相維的效果，另一方面……也有利於保證太子的順利繼位。」
范文瀾《中國通史》：
「（司馬炎）希望這些諸王屏藩帝室，可是事情和他希望的恰恰相反。」

因為一上來，
「晉二代」就是個**傻子**。

傅樂成《中國通史》：
「武帝死，太子衷繼位，是為惠帝。惠帝賦性低能……」

「晉三代」……**還沒上位**……

仇鹿鳴《魏晉之際的政治權力與家族網路》：
「惠帝繼位，立司馬遹為太子。」

就**被害死了**……

朱紹侯《中國古代史》：
「賈后殺太子（司馬遹）。」

原本**定好**的權力**秩序**，
簡直**說沒就沒**啊……

仇鹿鳴《魏晉之際的政治權力與家族網路》：
「太子被賈后所殺……西晉政治原有的權力結構徹底崩潰。」

於是乎，「安全科科長」們**坐不住**了。

白壽彝《中國通史》：「諸王因不滿賈后擅政，也時刻虎視眈眈，覬覦皇位……」

反正**正統**繼承人都**沒了**，

誰還不能**「競選」**下？

白壽彝《中國通史》：「皇權衰落……宗王紛紛捲入爭奪最高權力的動亂之中……」

所以，一場由**「安全科科長」**們

引發的**內亂**上演了。

白壽彝《中國通史》：「統治階級內部為爭奪最高權力展開了極端殘酷的攻殺。」

這就是歷史上有名的**「八王之亂」**。

呂思勉《兩晉南北朝史》：「晉諸王與於亂事者，不僅此八人，而《晉書》以此八人之傳，合為一卷，故史家皆稱為八王之亂。」

可憐的晉朝真是**剛上線**就進入**地獄模式**呀……

*超綱：超出課綱，也是超出準備範圍的意思。

而**一個喵**的出現，
則**徹底**將這場內亂帶上**不歸路**。

仇鹿鳴《魏晉之際的政治權力與家族網路》：「（他的）嘗試……使整個國家的政治動亂開始從中央波及至地方。」

他便是**趙王**——
司馬倫喵。

《晉書．列傳第二十九》：「趙王倫，字子彝，宣帝第九子也。」

倫喵**輩分很高**，

仇鹿鳴《魏晉之際的政治權力與家族網路》：「（武帝年間）司馬懿諸子在世者尚多，除了司馬亮外，尚有平原王司馬幹（干）、琅琊王司馬伷、扶風王司馬駿、梁王司馬肜、趙王司馬倫五人……是武帝的叔父。」

傻**皇帝**……還得管他叫**叔祖***。

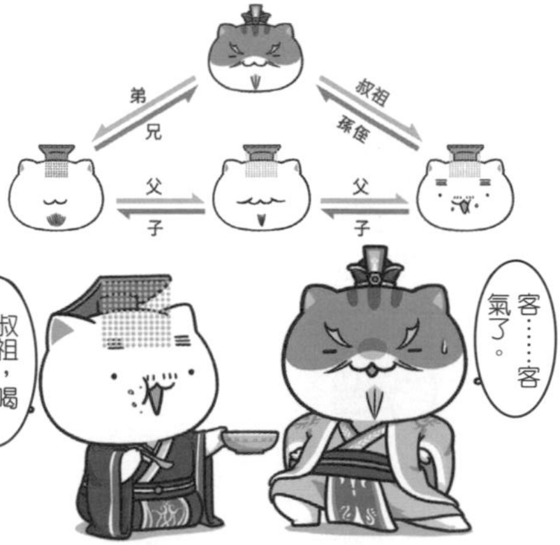
弟
兄
叔祖
孫侄
父
子
父
子
叔祖，喝肉粥嗎？
客……客氣了。

軍事科學院《中國軍事通史》：「武帝死，子司馬衷繼位，是為晉惠帝。晉惠帝是個白癡……」

* 叔祖：指的是父親的叔父（《現代漢語詞典》）。

可作為**老司馬家**的**小兒子**，

王仲犖《魏晉南北朝史》：「司馬懿共有九個兒子……趙王倫（司馬懿第九子）……」

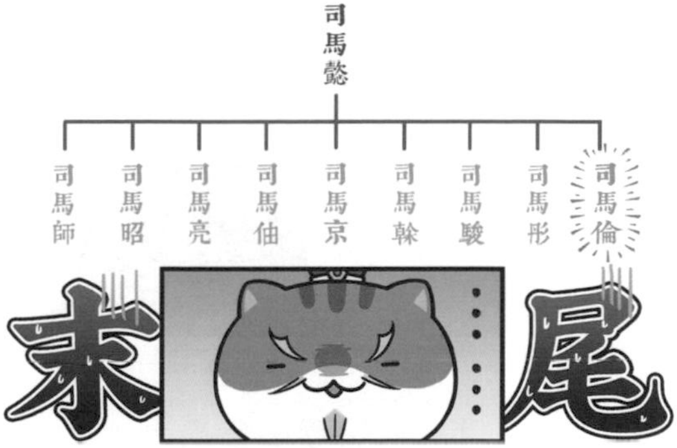
司馬懿
司馬師
司馬昭
司馬亮
司馬伷
司馬京
司馬榦
司馬駿
司馬肜
司馬倫
末
……
尾

好事……卻從來**跟他無關**。

啪！

無論是**他哥**當「皇帝」，

《晉書．帝紀第二》：
「景皇帝諱師，字子元，宣帝（司馬懿）長子也……文皇帝諱昭，字子上，景帝之母弟也。」
注：司馬炎稱帝後，追封司馬懿為宣帝、司馬師為景帝、司馬昭為文帝。

他侄子當皇帝，

《晉書．帝紀第三》：
「武皇帝諱炎，字安世，文帝長子也。」

還是**他孫侄子**當皇帝，

《晉書．帝紀第四》：
「孝惠皇帝諱衷，字正度，武帝第二子也。」

反正**都沒他份**……

（太慘了……）

不過……

上天總是能給你**驚喜**。

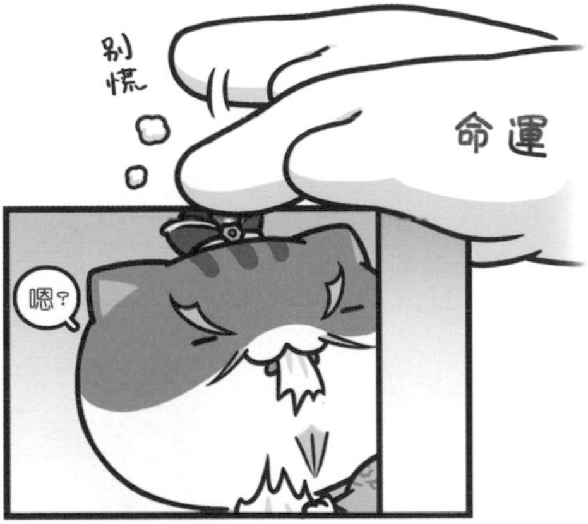

那就是「晉三代」突然**被弄死了**……

傅樂成《中國通史》：「賈后遣人毒殺太子（司馬遹）……」

這讓**「冷板凳王」**倫喵

意外有了「上場」的機會！

《晉書．列傳第二十九》：

「太子（司馬遹）既遇害，倫、秀之謀益甚……」

他立刻帶著**為太子報仇**的口號

一路開過去！

傅樂成《中國通史》：

「（司馬倫）以為太子報仇為名……率兵入宮廢后，並誅賈謐及賈氏親族。」

倫喵憑藉著**口號**和自己的**輩分**，

不僅成功**佔領了**皇都，

軍事科學院《中國軍事通史》：「（司馬倫）入京師……獨攬大權。」

還自己**稱了帝**。

王仲舉《魏晉南北朝史》：「司馬倫又廢晉惠帝，自立為帝。」

你說**原本**大家都是「科長」，
這會兒他**突然**成了**「董事長」**……

軍事科學院《中國軍事通史》：「司馬倫稱帝……」

其他「安全科科長」……

怎麼能忍呢？

軍事科學院《中國軍事通史》：「……引起了其他宗王的不滿。」

於是乎**從倫喵**開始……

諸王們便**輪番互砍**。

仇鹿鳴《魏晉之際的政治權力與家族網路》：「隨著趙王倫稱帝的嘗試，激起了三王起義。」

哎……

不用在意具體怎麼打的。

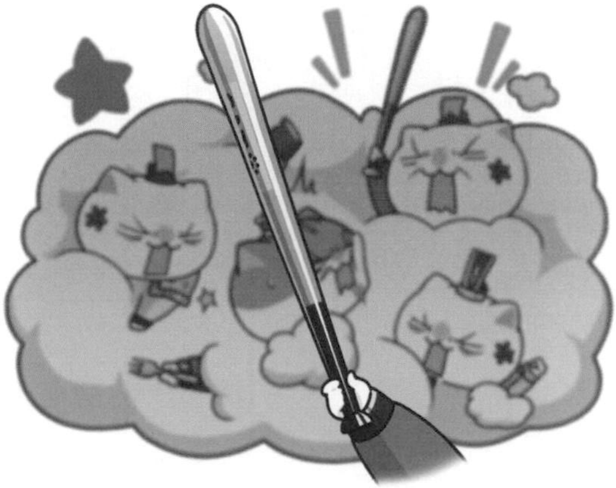

簡單點講就是，

一個王**上位**了……

王仲犖《魏晉南北朝史》：
「趙王司馬倫篡奪了帝位……」

另外幾個王就**弄他！**

王仲犖《魏晉南北朝史》：
「出鎮許昌的齊王司馬冏就起兵討倫，得到成都王司馬穎、河間王司馬顒等的回應。」

弄完了**再上位**一個……

王仲犖《魏晉南北朝史》：「司馬倫旋即被殺。司馬冏入京輔政……」

剩下幾個**接著弄**……

王仲犖《魏晉南北朝史》：「長沙王司馬乂不滿於冏……舉兵討冏，連戰三日，冏敗，又為乂所殺。」

反正就是**一家子**打個不停……

這場**持續**五年多的**內鬥**，
成了**拆解**皇權**統治**的利器。

朱紹侯《中國古代史》：「（三〇一年）趙王倫被殺……三〇六年，東海王越入朝專政，殺司馬穎和司馬顒，以後又毒死惠帝，諸王力量消耗殆盡，『八王之亂』才宣告結束。這場內亂給西晉統治帶來的威脅是巨大的……幾乎使西晉的統治分崩離析。」

統治階級因為**爭鬥無暇治理**天下，

朱紹侯《中國古代史》：「統治者忙於內戰……朝政動盪，完全失控。」

其間社會**經濟**受到嚴重**破壞**。

朱紹侯《中國古代史》：「（八王之亂）期間，正常生產無法進行……小農經濟完全遭到破壞。」

喵民們則在饑荒和瘟疫中**痛苦不堪**。

朱紹侯《中國古代史》：
「晉末的『八王之亂』給人民帶來了沉重的災難，而此期間全國各地幾乎都發生了旱、澇、蟲、霜等嚴重的自然災害，隨之而來的即是大饑饉、大瘟疫。」

這使晉皇朝的**統治力**急劇**下降**……

白壽彝《中國通史》：
「八王之亂，諸王互相殘殺。兵連禍結，人民遭受極大的災難。而西晉王朝的統治力量也大大削弱。」

而在**這個時候**，
帝國**北部**的**游牧民族**勢力開始**抬頭**……

軍事科學院《中國軍事通史》：
「在宗王混戰中，有的拉攏少數民族武裝參加混戰，使得各少數民族貴族武裝擴大……」

隨著這場大型**內鬥**的發生，

他們開始**進入中原**。

軍事科學院《中國軍事通史》：「……並趁機進入中原。」

經歷過**「八王之亂」**後的晉政權，

已經**岌岌可危**……

仇鹿鳴《魏晉之際的政治權力與家族網路》：「儘管西晉王朝在名義上還風雨飄搖地存在……但是一個能夠正常運作、駕馭地方的穩定的中央權力卻早已不復存在。」

那麼**游牧民族**的到來，

又會讓局面發生怎樣的**變化**呢？

（且聽下回分解。）

編者按

「八王之亂」是晉朝末年一場發生在皇室之間的爭權混戰。雖名為「八王」，實際上參與這場同室操戈的遠不止八個諸王。《晉書》將最主要的八個諸王列為一傳，故史稱「八王之亂」。關於「八王之亂」的分析研究眾多，比如有學者將賈后亂政的部分也劃為其中，認為其是「八王之亂」的開端。本篇則聚焦於宗室，著重描繪分析掌控地方權勢的諸王動亂的過程及結果。諸王的先後起兵和互相廝殺，使得大混亂從中央朝廷波及到了地方，百姓更因戰火而飽受苦難。「八王之亂」波及之廣、持續之久，嚴重動搖了晉皇朝的中央統治，更為晉敲響了末世鐘聲，中華大地開始進入動盪的黑暗長夜。

司馬倫——拉麵（飾）

參考來源：《晉書》、翦伯贊《中國史綱要》、白壽彝《中國通史》、范文瀾《中國通史》、傅樂成《中國通史》、朱紹侯《中國古代史》、陳寅恪《魏晉南北朝史講演錄》、唐長孺《魏晉南北朝隋唐史講義》、王仲犖《魏晉南北朝史》、呂思勉《兩晉南北朝史》、仇鹿鳴《魏晉之際的政治權力與家族網路》、軍事科學院《中國軍事通史》

附錄

【狗尾續貂】

西晉大官的帽子用貂尾裝飾，
而司馬倫篡位後，
封了一堆親信做大官來把控朝廷，
導致貂尾不夠用，
只能拿狗尾巴代替。

【最慘皇帝】

八王開打後，
互相搶傻皇帝想號令天下，
但每個人都不是真心管他。
有的拿糙米餵他，
有的害他受傷中箭，
絲毫不把他當皇帝。

【好壞都是他】

司馬倫有個謀士叫孫秀，
他起兵時所有事都要問孫秀，
稱帝後政務也都給孫秀做，
兵敗死前，
他把過錯全部推到孫秀頭上。

百群喵檔案

拉麵小劇場

《恭喜你》

一天，拉麵路過河邊，不小心將斧頭掉進河裡。
這時，河神出現了……
恭喜你！您是本河……
第一千個掉斧頭進來的喵！
這裡一千把鉑金斧頭都歸你了！
福

《默契》

OK*
No Problem*

*No problem：沒問題。　* OK：好的。

有些時候，吃貨之間只需要一個眼神。

拉麵
雙子座
生日：6月 1 日
身高：180 公分
喜歡的學科：化學
（拉麵擬人介紹）

拉麵的遊戲空間
Lamian's Game Zone

第六十七回 ◉ 劉漢滅晉

隨著**司馬**一家的**互毆**，

傅樂成《中國通史》：
「晉室諸王骨肉相殺的慘劇……史書稱它為『八王之亂』。」

整個帝國**亂成一鍋粥**……

看什麼看，司馬家的！
你才司馬！你全家都司馬！

朱紹侯《中國古代史》：
「『八王之亂』年間……正常生產無法進行，人民死於戰亂者無數，階級和民族矛盾迅速激化。」

不僅中央**統治力**不斷**下降**，

都怪司馬。
晉

朱紹侯《中國古代史》：
「統治者忙於內戰，削弱了自身的力量。」

晉**皇朝**甚至搖搖**欲墜**。

軍事科學院《中國軍事通史》：「『八王之亂』使西晉王朝的經濟和軍事實力大為削弱，從根本上動搖了統治基礎。」

而這時**一個喵**的出現，
更是**加速**了它的**滅亡**。

他就是**劉淵喵**。

白壽彝《中國通史》：「劉淵，字元海。」

淵喵是**遊牧民族**喵。

《晉書．載記第一》：「劉元海，新興匈奴人……」

* 少民：「少數民族」的簡稱。

在古代，

北方遊牧民族也**被稱為「胡」**。

注：胡，古代泛稱北方和西方的民族（《現代漢語詞典》）。

從東漢那會兒起，
胡喵們就開始往**中原遷徙**，

朱紹侯《中國古代史》：「東漢以後，我國天氣有逐漸寒冷的趨勢，少數民族逐水草而居，也逐漸南下。」

到**晉朝**時，
已經**與漢喵們雜居**在一起。

朱紹侯《中國古代史》：「魏晉時期，出現了少數民族內遷的高潮……各族內遷以後，與漢人雜處，過著定居的農業生活。」

而胡喵裡**主要**有**五個民族**。

分別是

匈奴、鮮卑、羯、氐和羌。

朱紹侯《中國古代史》：「當時內遷的種族很多，主要的有五個民族，即匈奴、鮮卑、羯、氐、羌，在舊史中，他們被稱為『五胡』。」

淵喵就是**匈奴的首領**。

白壽彝《中國通史》：「當時正值司馬氏諸王相攻……左賢王劉宣召集匈奴五部上層貴族，眾人密謀，共同推尊劉淵為大單于。」

雖然是少數民族喵，

但淵喵卻**自認為**是**大漢**的**「外甥」**。

白壽彝《中國通史》：
「（劉淵）遠祖是漢初的冒頓單于。」
范文瀾《中國通史》：
「劉淵宣告匈奴劉氏是兩漢劉氏的外甥，立漢國繼承兩漢，祭漢高祖以下三祖、五宗為自己的祖宗。」

因為當年他的**祖上**就是
跟漢公主結的婚。

《晉書．載記第一》：
「初，漢高祖以宗女為公主，以妻冒頓……」

原本是「余付羅」一家，

王仲犖《魏晉南北朝史》：
「劉淵，祖父名于扶羅。」
注：該名為少數民族語言音譯，另譯為「余付羅、于付羅」等。

後來乾脆**改成姓「劉」**……

《晉書・載記第一》：「……（漢高祖與冒頓）約為兄弟，故其子孫遂冒姓劉氏。」

作為一個**「漢胡合資」**的喵，

淵喵既學得**漢族**的**文明**，

朱紹侯《中國古代史》：「（劉淵）學習經史百家和孫吳兵法，後又以『任子』身份留居洛陽，漢化程度很深。」

又**擁有**匈奴族**強悍的體魄**，

《晉書．載記第一》：
「……（劉淵）學武事，妙絕於眾，猿臂善射，膂力過人。姿儀魁偉，身長八尺四寸，鬚長三尺餘……」

簡直**文武全才**。

唉，不過……
他卻完全**得不到重用**。

《晉書．載記第一》：
「孔恂、楊珧進曰：『臣觀元海之才，當今懼無其比……非我族類，其心必異。任之以本部，臣竊為陛下寒心。若舉天阻之固以資之，無乃不可乎！』帝默然。」

晉的**統治者**不僅**對他**各種**防範**，

《晉書．載記第一》：「恂曰：『元海若能平涼州，斬樹機能，恐涼州方有難耳。蛟龍得雲雨，非復池中物也。』帝乃止。」

皇上，要小心他……
呃……

還處處**排擠他**……

《晉書．載記第一》：「齊王攸時在九曲，比聞而馳遣視之，見元海在焉，言於帝曰：『陛下不除劉元海，臣恐並州不得久寧。』」

他有狐臭，離他遠點。
難怪、難怪……

這讓淵喵很**不爽**啊……

他眼看著要當一輩子**「邊緣人」**，

可這時……

晉朝突然亂了。

白壽彝《中國通史》：「晉惠帝時，皇室內部爆發了一場大混戰，史稱『八王之亂』。」

不僅**皇族**們忙著**互捶**，

《晉書．載記第一》：「司馬氏父子兄弟迭相殘滅。」

喵民們的生活更是**慘兮兮**。

《晉書．載記第一》：「黎庶塗炭，靡所控告。」

這下淵喵意識到**機會來了**。

如此一個皇朝，

不推翻**留著過年嗎？**

《晉書．載記第一》：
「劉宣等固諫曰：『……今司
馬氏父子兄弟自相魚肉，此天
厭晉德，授之於我。單于積德
在躬，為晉人所服，方當興我
邦族，復呼韓邪之業……願單
于勿疑。』元海曰：『善。』」

於是他借機**回到老家**，

朱紹侯《中國古代史》：
「諸王混戰於北方之際，匈奴
認為『興邦復業』的時機已
到……劉淵回到了左國城。」

然後舉起了**滅晉**的旗幟。

朱紹侯《中國古代史》：「（劉淵）把推翻西晉作為目標，曾說：『吾所欲除者，司馬氏耳。』」

而且為了**得到支持**，
他還**以「漢」為旗號**。

朱紹侯《中國古代史》：「劉淵想做中原的帝王，他認為鮮卑、烏桓可以作為同盟。他又擔心『晉人未必同我』，所以打起『尊漢』的旗幟……以爭取漢人的支持。」

這就是歷史上的**「劉漢」政權**。

朱紹侯《中國古代史》：「（劉淵）建國號曰漢，自稱漢王。」
降大任《山西史綱》：「劉漢的創建者是劉淵……」

晉皇朝的**無能**，
早就讓**天下**喵民**積怨**已久。

唐長孺《魏晉南北朝隋唐史講義》：
「（晉）到後來，特別是在『八王之亂』以後，人民所受的痛苦便日益加深……這時階級矛盾已走向尖銳化。」

劉漢政權的出現，
一下就**得到**了各個民族的**響應**。

唐長孺《魏晉南北朝隋唐史講義》：
「投奔劉淵的人非常多。這些人都是久居北方地區的匈奴和其他各族人民，大多在山西地區當佃客和奴婢。」
軍事科學院《中國軍事通史》：
「劉淵舉事，受到各族人民擁護……」

淵喵的**實力**瞬間**大漲**，

軍事科學院《中國軍事通史》：
「在二十天內，隊伍發展至五萬人。」

帶著大軍不斷**向晉進攻**。

王仲舉《魏晉南北朝史》：「劉淵以王彌為青、徐二州牧……一度攻入西晉的重鎮許昌，其兵鋒進抵西晉政府所在地——洛陽城下。」

而這時的晉已經是個**內耗嚴重**的**空殼子**，

范文瀾《中國通史》：「(晉)內部人心離散，不可收拾。隨著愈益分裂，力量也就愈益削弱。」

根本**打不過**兇猛的**劉漢軍**。

傅樂成《中國通史》：「石勒自許昌追之，大破晉軍……晉軍將士十餘萬，無一得免，王公大臣，也悉數被俘，晉室武力，至此等於全部喪失。」

不到六年的時間，

國都……就被劉漢**給佔了**。

傅樂成《中國通史》：「（三一一年）劉聰乘機遣軍攻洛陽，晉軍連戰失利，洛陽遂陷……（三一六年）劉曜復攻長安，晉兵窮食盡，晉帝窘迫出降。」

注：都城洛陽淪陷後，晉廷又遷都長安，長安被攻陷後，晉亡。

殘餘人員只能灰溜溜地**逃往南方「重新開業」**。

朱紹侯《中國古代史》：「晉滅亡以後，司馬氏在江南重建政權。」

從這開始，**晉**的歷史被迫**分成兩截**。

原來的晉皇朝史稱**「西晉」**，

唐長孺《魏晉南北朝隋唐史講義》：「司馬炎於公元二六五年代替魏稱帝，改國號為晉，建都洛陽，史稱西晉。」

逃到南方後則史稱**「東晉」**。

唐長孺《魏晉南北朝隋唐史講義》：「西晉滅亡後，司馬氏政權遷都建康（今南京），史稱東晉。因洛陽在西，建康在東，故有西晉、東晉之稱。」

而剩下的**北方**大片土地
則由**胡喵們佔有**。

傅樂成《中國通史》：
「北方的重要戰略地帶，大都在胡人的勢力範圍之中。」

那一刻起，
華夏大地的**南北**兩方**相對而立**。

傅樂成《中國通史》：
「晉宗室琅琊王睿……即帝位，改元太興，是為元帝。從此晉室（東晉）偏安江左，與北方的胡族國家相對峙。」

然而作為一個多部落集結起來的**政權**，
胡喵們卻**並不團結**。

唐長孺《魏晉南北朝隋唐史講義》：
「漢雖然滅了西晉，但它所直接統治的地區並不大……劉曜鎮守關中，石勒割據河北，他們名義上屬於漢國，實際上是獨立勢力。此外還有山西北部的西晉殘餘勢力劉琨、遼東的鮮卑慕容部等……漢政權是不穩固的。」

作為爭端主體的**五個民族**，

隨後**紛紛建立政權**。

傅樂成《中國通史》：「（五胡）陸續在北方建立了十幾個國家，與南方的漢族傳統政權相對峙。」

一時間**山頭林立**……

其中，

先後有**十六個**較為強勢的**政權**。

傅樂成《中國通史》：「……是匈奴所建的前趙、北涼、夏；羯所建的後趙；鮮卑所建的前燕、後燕、南燕、西秦、南涼；羌所建的後秦，氐所建的前秦、後涼、成（即漢），和漢人所建的前涼、西涼、北燕。」

這就是史稱的五胡十六國時期。

朱紹侯《中國古代史》：「因十六國政權多是匈奴、羯、鮮卑、氐、羌五個少數民族上層分子所建，故歷史上稱之為『五胡十六國』。」

整個**華夏北部從統一**又陷入到**新的分裂狀態**中。

朱紹侯《中國古代史》：「在北方……各少數民族的上層分子和漢族官僚地主，在混戰割據中紛紛建立政權。」

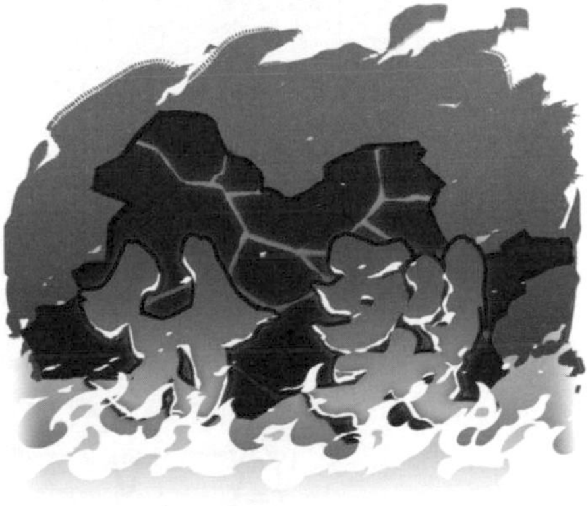

這樣**混亂的局面**，

又將由誰來打破它呢？

（且聽下回分解。）

編者按

西晉始於二六五年，亡於三一七年，先後共四帝。自從一統中國的西晉武帝司馬炎去世後，低能皇帝、擅權皇后先後登場，八王之亂、人民起義相繼上演，最終揭開長達百年的混戰序幕。究竟該如何看待這個時期，一直是史學界討論的話題。無論結果如何，有一個觀點是大家所公認的：這絕不是一個用「黑暗」就能粗暴概括的時期。在紛爭割據之時，也孕育著交匯與融合，在飄搖亂世之下，也催生了風流競逐、才華迸發的光景。它是後來隋唐盛世的淵源，也是中華文化不可分割的部分。從民族融合、文明演變與繼承等多角度來看待，我們才能更全面地瞭解這段歷史。

劉淵——油條（飾）

參考來源：《晉書》、范文瀾《中國通史》、傅樂成《中國通史》、白壽彝《中國通史》、朱紹侯《中國古代史》、唐長孺《魏晉南北朝隋唐史講義》、王仲犖《魏晉南北朝史》、降大任《山西史綱》、軍事科學院《中國軍事通史》

附錄

【都是天意】

根據《晉書》記載，
劉淵出生時左手上
就有「淵」字的紋路，
他爸大概覺得是天意，
就乾脆用這個字給他取了名。

天生的！

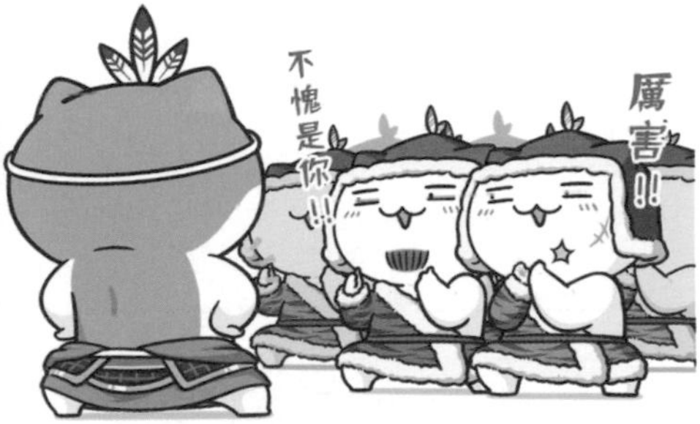
不愧是你！！
厲害！！

【胸口長毛】

據說劉淵心口的位置上
長了三根紅色的毛，
大概一米那麼長。
認識劉淵的人就因此認為
他不是一般人，
對他很尊敬。

【供奉祖宗】

要打著「漢」的名號建國，
劉淵為此還給自己
找了八個劉氏祖宗，
恭敬地設立牌位供奉，
其中包括漢高祖劉邦
和蜀漢昭烈帝劉備。

漢高祖劉邦
漢昭烈帝劉備

百群喵檔案

油條小劇場

《勝利髮型》

《思念》

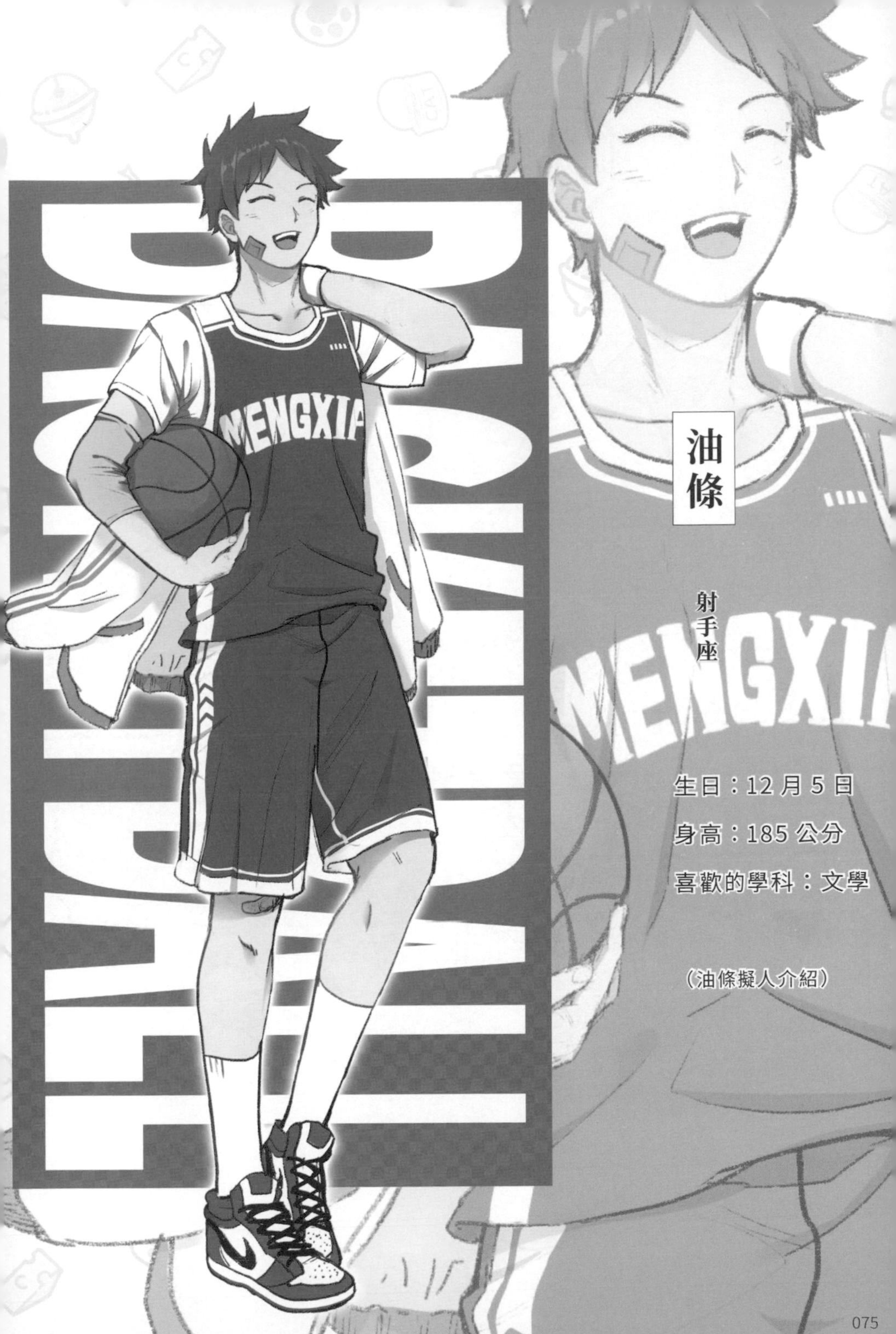
MENGXIA
油條
射手座
生日：12 月 5 日
身高：185 公分
喜歡的學科：文學
（油條擬人介紹）

油條的遊戲空間

Youtiao's Game Zone

第六十八回◉苻氏爭雄

晉朝**被推翻後，**

白壽彝《中國通史》：

「公元三一六年，劉聰遣劉曜攻長安，湣帝出降。晉朝在北方的政權垮臺，西晉亡。」

注：劉聰，劉漢開國皇帝劉淵第四子。劉曜，劉淵族子。

殘餘勢力就逃到了**南邊**窩著。

白壽彝《中國通史》：

「西晉滅亡後，司馬氏的政權東移，偏安於東南，史稱東晉。」

而北方呢，

則徹底**亂成一團**……

唐長孺《魏晉南北朝隋唐史講義》：
「公元三一六年長安陷落，西晉滅亡。當時的北方形勢非常混亂……」

胡喵們先後建立了**許多政權**，

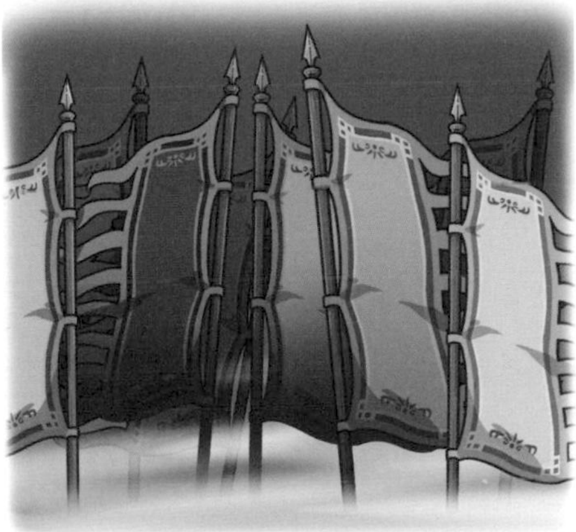

朱紹侯《中國古代史》：
「在北方，從劉淵建國……各少數民族的上層分子……在混戰割據中紛紛建立政權。」

其中帶頭**滅晉**的劉漢政權**風光一時**，

朱紹侯《中國古代史》：
「劉聰滅西晉以後，漢國控制了黃河中下游的廣大地區……統治四十幾萬戶漢人……統治包括匈奴族在內的二十幾萬落的少數民族人民。」

然後，就**被小弟們幹掉了**……

唐長孺《魏晉南北朝隋唐史講義》：「公元三一八年劉聰死，他的兒子以及貴族之間互相殘殺。」

在隨後的**幾十年**裡，

小弟們自立山頭**互相爭鬥**。

軍事科學院《中國軍事通史》：「匈奴劉氏政權在建興四年攻破長安滅亡西晉政權後，曾一度成為中原廣大地區的共主……但隨著中原地區軍事形勢的發展，北方出現多股地方割據勢力。」

形勢基本上就是，

舊小弟上位變**新大哥**。

朱紹侯《中國古代史》：「劉聰死後……一些大臣逃出平陽，擁立坐鎮長安的劉曜為帝。」

然後新大哥又被新小弟**幹掉**。

朱紹侯《中國古代史》：

「劉曜……與東方的石勒（曾為劉漢將領）進行了頻繁的戰爭，結果在三二八年城皋地區的一次會戰中，被石勒所俘。」

唉……反正就是一直**鬧不停**……

白壽彝《中國通史》：

「石虎（石勒繼承者）於公元三三四年末或三三五年初奪位，公元三四九年死，在位十五年。這個十五年，是中原人民生活在水深火熱中的十五年……公元三四九年，石虎死，諸子爭奪政權，互相殘殺。」

不過，最終還是有**兩個**國家**脫穎而出**。

這就是**前秦**和**前燕**。

《講談社·中國的歷史05·中華的崩潰與擴大：魏晉南北朝》：
「前秦是氐族的族長苻健……領導其父苻洪的部下於三五一年建立的政權。前秦定都長安……與後趙瓦解後鮮卑慕容部在華北建立的前燕東西二分。」
注：前秦的國號是「秦」。為了跟其他「秦」政權區分，史學界稱其「前秦」，前燕同理。為方便讀者理解，漫畫統一表現為「前秦」和「前燕」。

從實力來看，
前燕已經是**北方一霸**。

白壽彝《中國通史》：
「北方燕、秦兩國，論人口、疆土，都是燕強於秦。」

而**前秦**，
則還是個**剛趕**上來的**「新秀」**。

軍事科學院《中國軍事通史》：
「慕容恪執政期間，是前燕政權比較穩定的一個時期。與此同時，前秦政權也處於上升發展時期。」

就像**老傢伙**
總是看不起**年輕人**一樣，

前燕顯然沒太把**前秦**放眼裡。

軍事科學院《中國軍事通史》：「當時的中國北方形成前燕、前秦東西對峙的局面。慕容儁（前燕皇帝）控制中原後，準備進而滅掉東晉和前秦，一舉統一天下。」

然而，
一個喵的出現**改變**了這個局面。

軍事科學院《中國軍事通史》：「前秦主……使得政治清明，社會經濟發展，國力蒸蒸日上。」

他就是**「狠人」——苻堅喵。**

《晉書．載記第十三》：
「苻堅，字永固，一名文玉……博學多才藝，有經濟大志，要結英豪，以圖緯世之宜。」

史書裡說，
堅喵出生時就**天降神光，眼帶紫光。**

《晉書．載記第十三》：
「其（苻堅）母苟氏嘗游漳水，祈子於西門豹祠，其夜夢與神交，因而有孕，十二月而生堅焉。有神光自天燭其庭……臂垂過膝，目有紫光。」

跟其他熱衷於**喝酒打架**的胡喵**不同，**

《晉書．載記第十三》：
「（苻洪）曰：『汝戎狄異類，世知飲酒……』」

堅喵從小**熱愛學習**，

《晉書・載記第十三》：「（苻洪）曰：『……今（苻堅）乃求學邪！』」

八歲那會兒就主動要求**請家教**，

《晉書・載記第十三》：「八歲，請師就家學。」

到**十三歲**時，已經當了**將軍**。

白壽彝《中國通史》：「十三歲，苻健授以（苻堅）龍驤將軍之號。」

而且作為一個**胡喵**的他，
還十分**崇尚漢文化**，

傅樂成《中國通史》：
「堅愛好儒學……興修學校，表彰節行。」

傅樂成《中國通史》：
「苻堅頗有『混一四海』的念頭，這時秦東有燕，西有涼，南有晉，北有鮮卑拓跋氏的代，都是他要『混一』的對象。」

夢想著哪天能親手**一統天下**。

這樣的設定簡直就是**「霸王之相」**啊！

《晉書．載記第十三》：
「統謂左右曰：『此兒有霸王之相。』」

嗯……可惜……

他卻**沒有**拿到**「皇帝劇本」**……

當時前秦的**老大**其實是他**堂哥**。

白壽彝《中國通史》：
「苻堅……伯父苻健（前秦開國皇帝）……」
《晉書・載記第十二》：
「（苻生）字長生，健第三子也……健卒，僭即皇帝位……」

堂哥**性格殘暴**，

白壽彝《中國通史》：
「苻生是個有名的暴君，性殘忍，峻刑極罰……」

動不動就給大臣**發便當**，

《晉書．載記第十二》：
「（苻生）殺戮無道，常彎弓露刃以見朝臣，錘鉗鋸鑿備置左右。」

甚至……還**想幹掉堅喵**。

白壽彝《中國通史》：
「前秦壽光二年（三五六）六月的一個深夜，苻堅接到由苻生侍婢傳出來的密報說，天明以後苻生要對他和他的庶兄、清河王、後將軍苻法下毒手了。」

不過可惜的是，
堅喵的**耳目**卻**遍佈朝廷**……

白壽彝《中國通史》：
「侍中、尚書呂婆樓，特進、光祿大夫強汪，特進、領御史中丞梁平老等人是他（苻堅）的羽翼；薛讚、權翼二人是他的心腹，宮中侍從也不乏他的耳目。」

堂哥還沒**反應**過來，

就被堅喵給幹掉了。

白壽彝《中國通史》：
「事變在即，不容稍有遲疑，苻堅兄弟決定立刻採取行動……率領部下三百餘人鼓噪前進。宮廷宿衛將士不願替暴君賣命，紛紛倒戈。苻堅順利攻入宮中，把還在昏醉中的苻生處死了。」

沒了阻礙的堅喵，
這才獲得了**「征服世界」**的資格。

白壽彝《中國通史》：
「前秦壽光二年（三五六）……苻堅以嫡嗣即位，去皇帝號，稱大秦天王，改元永興。」

* 搞掂：粵語，就是搞定的意思，指把事情妥善解決。

為了**提高**國家實力，
他開始推行**漢喵們**的**治國**方法。

《講談社・中國的歷史05・中華的崩潰與擴大：魏晉南北朝》：
「苻堅有漢學的修養，從即帝位時起便採用了漢族傳統的治政方針施政，在此過程中，協助其施政的漢族士大夫王猛發揮了重大的作用。」

政治上**打擊貴族**豪強，

《晉書・載記第十三》：
「（苻堅）以王猛為侍中、中書令、京兆尹。其特進強德，健妻之弟也，昏酒豪橫，為百姓之患。猛捕而殺之，陳屍於市……數旬之間，貴戚強豪誅死者二十有餘人。」

經濟上**發展農業**經濟，

朱紹侯《中國古代史》：
「經濟上，重視農業生產。前秦常派官吏巡行郡國，勸課農桑。又開放山澤，允許百姓漁採。」

軍事上則**積極擴張**。

白壽彝《中國通史》：
「苻堅進兵到朔方，安撫匈奴降眾，封劉衛辰為夏陽公、曹轂為雁門公，統率舊部。」

還不斷做公關**攢名聲**。

傅樂成《中國通史》：
「（苻堅）每滅一國，對亡國君臣，都授以官爵，使統領舊部，以示寬大。」

十來年的時間，
前秦的國力**不斷提高**。

王仲犖《魏晉南北朝史》：
「自公元三五七年苻堅即位……這十餘年中，前秦國內有個相對安定的環境，所謂『關、隴清晏，百姓豐樂』……呈現出一種『小康』的氣象來了。」

而這時的對手**前燕**呢，

呃……倒是**亂成一鍋粥**……

白壽彝《中國通史》：
「燕國的政治情況，恰與秦國相反……史稱其：『王公貴戚，多占民為蔭戶，國之戶口，少於私家；倉庫空竭，用度不足。』『百姓困弊，盜賊充斥，綱頹紀紊，莫相糾揭。』」

此消彼長之下，
堅喵大軍就**正式進擊**了。

白壽彝《中國通史》：「建元五年（三六九）……這年十二月，秦、燕戰爭爆發了……」「公元三七〇年，苻堅遣王猛督鎮南將軍楊安、鄧羌等步騎六萬伐燕。」

這對**前燕**來說，
完全是**碾壓**好嗎……

白壽彝《中國通史》：「燕軍士兵本來就無心打仗，見秦軍來勢兇猛，紛紛敗退。」

打的**過程**中，**前燕**一邊挨揍，

白壽彝《中國通史》：「前燕已經像釜中之魚，完全失去了抵抗能力。苻堅大軍兵臨城下，城內頃刻土崩瓦解……」

一邊還被不斷**挖牆腳**。

白壽彝《中國通史》：

「前燕散騎郎余蔚領著留在鄴城的各地人質五百多人造反，夜裡打開鄴城北門接應秦軍……」

唉……簡直是**委屈**……

一年時間，
前燕就**覆滅了**。

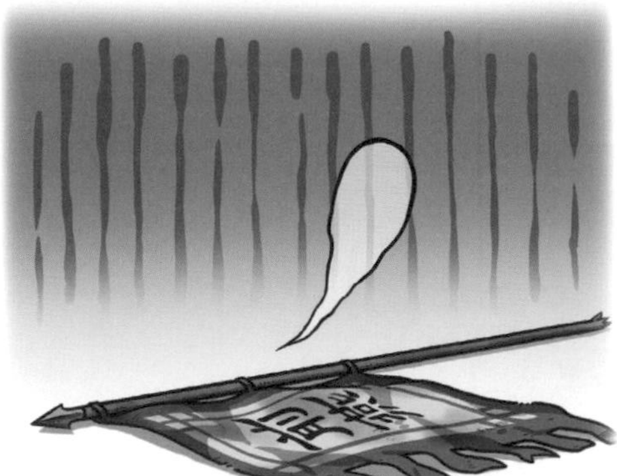

朱紹侯《中國古代史》：

「三七〇年，前秦滅掉了前燕，俘虜慕容暐。」

昔日最強大國**倒**在了堅喵劍下，

軍事科學院《中國軍事通史》：
「前燕滅亡。前燕境內郡守及六夷渠帥盡降於秦，秦共得郡一百五十七、戶二百四十六萬、人口九十九萬。」

而周邊其他**小國**也**無力與之抗衡**。

稍微抵抗下，也**陸續稱臣**……

白壽彝《中國通史》：
「秦滅燕後，次年即公元三七一年滅仇池氐楊氏。公元三七三年……西南夷邛、筰、夜郎皆附於秦。公元三七六年，滅前涼。同年，乘鮮卑拓跋氏內亂，又滅了代。」

於此，**北方**大地**盡歸前秦**所有。

軍事科學院《中國軍事通史》：「苻堅在先後滅亡了仇池楊氏、前涼張氏、代國拓跋氏以後，完全統一了北方……」

南北形成了真正的**兩方對峙**。

軍事科學院《中國軍事通史》：「……成為與東晉對峙的北方強大政權。」

然而，

北方的**大小政權**雖被前秦所**兼併**，

軍事科學院《中國軍事通史》：「前秦雖然兼併了北方的割據政權，但其統一是純粹的軍事征服……」

但這些被「征服」的小弟們，

卻只是**表面上忠誠**。

軍事科學院《中國軍事通史》：「在當時民族矛盾還非常尖銳的情況下，一些暫時歸附它的少數族尚懷有二心，他們時刻都在謀求脫離前秦而獨立發展。」

作為**一代雄主**，

堅喵的統一大業能**順利**進行嗎？

白壽彝《中國通史》：「當時不在秦統轄之內的，只有偏安東南的東晉了。苻堅自恃（恃）兵力強大，決心滅掉東晉，完成全國的統一。」

（且聽下回分解。）

編者按

苻堅的畢生理想，用他自己的話來說是「混一六合，以濟蒼生」。為此，他不僅帶領前秦統一北方，更是以包容的姿態，努力整合這個新生的多民族政權。他積極推廣儒家文化，提升漢族士人的朝中地位，實施漢族傳統的國家禮儀，逐步彌合國內胡漢差異。對當時矛盾突出的各胡族，苻堅也爭取共同發展。混戰中各胡族常有「屠族」慘劇，但苻堅統一後不僅接納鮮卑族，給投誠的羌、羯以優待，更將他們遷到國都周邊治理，力圖消弭矛盾，緩和其敵對關係。從歷史發展客觀角度來看，這些做法無疑促進了民族的融合。但不料，部分胡族並不完全認可苻堅的理想，這也為前秦的發展埋下隱患……

苻堅——煎餅（飾）

參考來源：《晉書》、《講談社・中國的歷史 05・中華的崩潰與擴大：魏晉南北朝》、傅樂成《中國通史》、白壽彝《中國通史》、朱紹侯《中國古代史》、王仲犖《魏晉南北朝史》、軍事科學院《中國軍事通史》、唐長孺《魏晉南北朝隋唐史講義》

附錄

【過於寬容】

苻堅為人特別寬容，
手下的將軍犯下謀逆
這種殺頭的大罪，
他都會原諒，
甚至十分放心地
讓他繼續掌管兵權。

【以身作則】

有一年前秦大旱，
農田收成不好，
苻堅就親自扛鋤頭下地種田，
還拉上了皇后在近郊養蠶，
以此鼓勵百姓克服困難。

【醉死過去】

苻堅的堂哥在苻堅拎著刀
衝進宮裡時，
還迷迷糊糊地醉著酒，
他都沒搞清楚什麼情況
就被殺死了。

百群喵檔案

煎餅小劇場

《傷心的煎餅》

《遇見》

煎餅

雙魚座

生日：3月 3日

身高：182 公分

喜歡的學科：美術

（煎餅擬人介紹）

煎餅的遊戲空間
Jianbing's Game Zone

第六十九回◉淝水之戰

西元4世紀，

天下分成**兩個**陣營。

白壽彝《中國通史》：
「（三七六年）苻堅得以憑藉『國內殷實』的實力，次第打敗各割據政權，統一北方，形成與江南的東晉政權南北對峙的局面。」

南邊是好死不如賴活著的**東晉**，

朱紹侯《中國古代史》：
「三一七年，晉湣帝投降……司馬睿稱晉王，第二年稱帝，都建康（今南京），史稱東晉。東晉政權是在南北士族支持下建立起來的偏安政權。」

北邊呢，則是在**胡喵**爭霸賽中勝出的**前秦**。

*Winner：優勝者。

朱紹侯《中國古代史》：「三七〇年，前秦滅掉了前燕……三七六年，又攻滅了張氏的前涼和鮮卑拓跋部在代建立的代國，統一了北方。」

比起喜歡**文藝**的**東晉**，

朱紹侯《中國古代史》：「東晉以後……『人士競談玄理』，談玄成為一種社會風氣。士族通過談玄，甚至可以『累居顯職』。」

前秦的「氣質」
確實顯得更**「上進」**一些。

白壽彝《中國通史》：「（前秦）消滅二凶，用不了一年，俘降百萬，辟土九千，是五帝之所未能賓服，周、漢之所未能到達者。」

老大**苻堅喵**，

是個**熱衷**帝王**成功學**的男人……

《晉書．載記第十四》：
「堅曰：『……但思混一六合，以濟蒼生。天生蒸庶，樹之君者，所以除煩去亂，安得憚勞！朕既大運所鍾，將簡天心以行天罰。』」

做夢……都惦記著**統一天下**。

白壽彝《中國通史》：
「統一全國，是苻堅由來已久的願望。」

十九年時間，

苻堅喵就**打敗**北方所有對手，

白壽彝《中國通史》：
「公元三五七年……（苻堅）自立……公元三七六年滅了前涼，實現了北方的統一。」

完成了**北方**的**制霸**，

白壽彝《中國通史》：
「至此，前秦進入了它的鼎盛時代，它的疆域『東極滄海，西併龜茲，南苞襄陽，北盡沙漠。』」

下一步就是進攻南方的**東晉**了。

王仲犖《魏晉南北朝史》：
「在滅掉前涼和攻佔梁、益二州以後，苻堅就有進一步征服江東的企圖。他對大舉伐晉這件事，『內斷於心久矣』，是不可改變的了。」

可在**當時**的情況下，
苻堅喵雖然**戰無不勝**，

王仲犖《魏晉南北朝史》：
「黃河流域和長江上游廣大地區已被他（苻堅）用武力所征服。」

但前秦**士兵**們……也**累**得不行。

而**被他收服**的那些**將領**呢，

表面上臣服，

軍事科學院《中國軍事通史》：
「各少數族貴族雖然懾於前秦的軍事壓力暫時歸附……」

暗地裡卻**不是一條心**。

軍事科學院《中國軍事通史》：
「……但他們都在尋找機會脫離前秦控制，而謀求獨立發展。」

然而作為一個有**雄心**的帝王，
堅喵**大一統**的志願卻**不可阻擋**。

軍事科學院《中國軍事通史》：
「（苻堅）一心要逞所謂『累捷之威』……一舉消滅東晉，實現他『混一六合，以濟蒼生』的統一大志。」
白壽彝《中國通史》：
「在伐晉這個問題上……苻堅主意既定，不為所動。」

於是乎，**南征**東晉的大軍**開動了**。

朱紹侯《中國古代史》：
「（東晉）太元八年（三八三年）七月，苻堅下詔大舉伐晉。」

而**東晉**這邊呢……

雖然很**頭痛**，但還能**怎樣**？

王仲犖《魏晉南北朝史》：
「作為東晉政權支柱的北方世族大地主和江東世族大地主呢，他們也知道倘使『胡馬渡江』，他們在江南的莊園利益，首先會受到損害……得咬緊牙關，共同對敵。」

於是**雙方**最終在一條叫**淝水**的河邊**碰頭**。

白壽彝《中國通史》：
「（三八三年）十一月……秦、晉兩軍夾淝水佈陣，隔河對峙。」

這就是**歷史上**有名的**淝水之戰**。

唐長孺《魏晉南北朝隋唐史講義》：
「公元三八三年苻堅……南下攻晉，這次戰爭就是有名的『淝水之戰』。」

從距離上看，**淝水離東晉近**。

堅喵號稱**百萬大軍**，從**北方**而來。

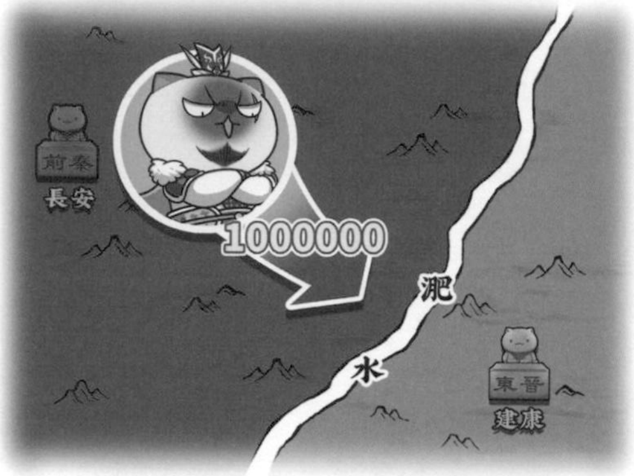

《晉書．載記第十四》：「堅南遊灞上，從容謂群臣曰：『今有勁卒百萬，文武如林，鼓行而摧遺晉……』」

呃……差不多等於從**陝西走到安徽**。

朱紹侯《中國古代史》：「（三八三年）八月，苻堅從長安啟程……很快就到達潁口（安徽潁上東南）。」

士兵那個**累啊**……

再加上**內部不夠團結**，

王仲舉《魏晉南北朝史》：
「苻堅軍隊雖然號稱百萬，除了氐族之外，十之八九是漢族人民和其他各少數族人民，他們被強迫徵發而來，根本不願意作戰。」

實際跟過來砍人的……
也就**二十萬**……

軍事科學院《中國軍事通史》：
「淝水之戰實際投入的軍隊只是中路軍……苻融（苻堅的弟弟）所統領的前鋒二十七萬。」
注：苻融所率二十七萬兵在南下途中因兵力分散，被殲滅五萬，因此最終到達前線時兵力約二十二萬。

而相比之下的**東晉**呢，

雖說只有軍力**八萬**，

朱紹侯《中國古代史》：「晉廷聽說苻堅大軍南下……（東晉）宰相謝安沉著冷靜，派遣其弟謝石為大都督，統率八萬軍隊迎戰。」

士卒們卻**士氣高漲！**

唐長孺《魏晉南北朝隋唐史講義》：「東晉……士兵的戰鬥意志很強。所以苻秦入侵時，東晉形成了全國上下一致、共同反對苻秦侵略的局面。」

就是**數量**上差……一點……

白壽彝《中國通史》：「秦軍將領都認為，敵少我眾，只要遏（扼）守淝水，不讓晉軍渡河，就能萬無一失。」

所以……該**怎辦**呢？

白壽彝《中國通史》：「（東晉）率八萬精兵拒敵。敵我兵力懸殊，人心惶惶。」

這時，
一場**「無間道」**上演了！

苻堅喵**陣營**裡剛好有一個**「內鬼」**，

白壽彝《中國通史》：「苻堅派尚書朱序到東晉軍中勸降。」

這傢伙原本是**東晉**那邊**投降**過來的。

白壽彝《中國通史》：
「朱序本為東晉襄陽守將，兵敗被俘，前秦任以度支尚書。」

兩軍一碰頭，他就跑過去**送情報**，

《晉書．卷八十一》：
「堅遣序說謝石，稱己兵威。序反謂石……」

不僅出賣了前秦的**弱點**，

《晉書．卷八十一》：
「……曰：『若堅百萬之眾悉到，莫可與敵，及其未會，擊之，可以得志。』」

還跟**東晉**密定了一條**計謀**……

> 軍事科學院《中國軍事通史》：
> 「（東晉）發現敵之弱點後，立即調整戰略方針。」

當時，**兩軍**對陣於**河兩邊**。

> 軍事科學院《中國軍事通史》：
> 「秦晉兩軍夾淝水佈陣，大戰一觸即發。」

除了隔著河**乾瞪眼**，

誰都**奈何不了**誰。

> 軍事科學院《中國軍事通史》：
> 「秦軍沿淝水列守，晉軍無法渡河。」

這…… 也**不是辦法**啊……

唐長孺《魏晉南北朝隋唐史講義》：「當雙方的軍隊隔淝水對陣之時，東晉大將謝玄使人告苻堅……」

此時東晉突然發來了**「簡訊」**，

表示希望苻堅喵能**往後退**一點，

晉軍**好過河**打架。

唐長孺《魏晉南北朝隋唐史講義》：「（謝玄）說：你把軍隊稍微後退一點，讓我們渡過淝水決戰。」

誰都知道，

大軍蹚水，保證被打。

唐長孺《魏晉南北朝隋唐史講義》：「苻堅有一個打算……等晉軍半渡時派出騎兵追堵，將晉軍擠到河裡淹死。」

難道東晉想**「送人頭」**？

沒多想的苻堅喵，

於是**下令**大軍開始**後撤**！

唐長孺《魏晉南北朝隋唐史講義》：「於是他把馬鞭向後一揮，叫軍隊稍退一點。」

這一撤，

苻堅喵軍中的**「內鬼」**便喊了起來。

白壽彝《中國通史》：

「秦軍剛剛撤退，朱序突然在陣後大聲疾呼：『秦軍敗了、秦軍敗了！』」

「謠言」一張嘴，**嚇得**士兵跑斷腿。

白壽彝《中國通史》：

「前面的秦軍不明真象（相），嚇得撒腿就跑，後面的秦軍也跟著狂奔起來，陣腳大亂。」

前秦大軍瞬間**亂成一團**……

唐長孺《魏晉南北朝隋唐史講義》：

「本來不願作戰的秦兵便乘機奔退不止，無法約束，來了一個大崩潰。」

而這時**東晉軍**則趁機渡河**追擊**。

白壽彝《中國通史》：
「謝玄、謝琰、桓伊等晉將乘機揮師渡過淝水，奮勇衝殺。」

整整二十萬前秦軍被**虐到潰逃**……

白壽彝《中國通史》：
「秦軍大敗，自相踐踏而死者不計其數。僥倖逃脫者丟盔棄甲、日夜逃竄。」

經過了這場大戰，
雄極一時的**前秦**遭到**重創**。

白壽彝《中國通史》：
「前秦王朝是建立在軍事統治的基礎上的，一旦它的軍事力量被摧毀，王朝立刻瀕臨瓦解的境地。」

本來被征服的**其他部族**也紛紛**造反**。

軍事科學院《中國軍事通史》：「淝水之戰造成了前秦政權的總崩潰，各少數族貴族集團紛紛擁眾起事。」

稱雄一時的霸主最終**泯滅**在戰火中……

唐長孺《魏晉南北朝隋唐史講義》：「『淝水之戰』以後，公元三八五年苻堅在羌、鮮卑慕容部的夾攻下為羌人所殺，前秦滅亡。」

而失去統治者的**北方**則再次回歸**分裂**，

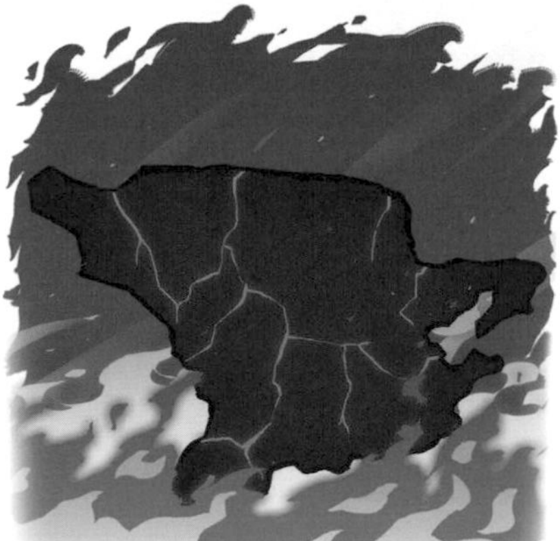

唐長孺《魏晉南北朝隋唐史講義》：「『淝水之戰』以後，前秦瓦解，北方重新形成分裂的形勢。」

中斷了華夏統一的進程……

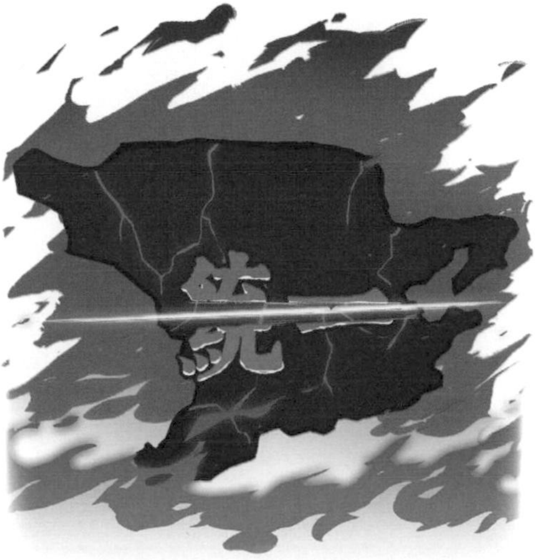

那麼贏得戰爭的**東晉**，

又會**走向何方**呢？

白壽彝《中國通史》：
「前秦瓦解，北方分崩離析，
東晉統治者卻只是苟安江南，
並無統一中國的大志……酣歌
為務，官以賄遷，政刑謬亂。」

（且聽下回分解。）

編者按

西晉滅後，天下紛亂再起，北方更是陷入前所未有的混亂和征伐之中。苻堅的橫空出世、力挽狂瀾，讓北方出現了少有的政治清明及短暫的和平時期。但靠武力顯然未能化解各民族間的衝突，領土內多民族並存的局勢更是前朝前代都鮮有經歷的。這就意味著前秦的政治、軍事和民族政策都在嘗試與摸索，帶有突出的開創性意味。苻堅的決議顯然需要更加審慎，才能讓前秦穩中求進。然而，戰無不勝的神話逐漸蒙蔽苻堅的雙眼，使他無視能臣良諫，看不清人心未定的事實。這場倉促的南下戰爭最終使得前秦痛失真正發展的歷史時機，走向了瓦解。

苻堅——煎餅（飾）

參考來源：《晉書》、白壽彝《中國通史》、朱紹侯《中國古代史》、王仲舉《魏晉南北朝史》、軍事科學院《中國軍事通史》、唐長孺《魏晉南北朝隋唐史講義》

附錄

【投鞭斷流】

南下前，
有人勸苻堅長江天險不好攻打，
苻堅卻驕傲地表示自己有百萬大軍，
每個人把鞭子扔水裡
就能讓長江斷流，
根本不怕。

【風聲鶴唳】

苻堅的軍隊戰敗後北撤，
一路上聽見呼呼風聲
和鶴的鳴叫聲，
以為是晉軍又來追殺，
嚇得瘋狂逃竄。

【愧疚大哭】

苻堅大軍潰敗後來不及帶糧食，
回北方的路上很餓，
百姓自發給他送飯菜，
也不求回報。
苻堅更覺得羞愧得不行，
忍不住大哭了起來。

百群喵檔案

麻花小劇場

《對答案》

怎麼樣呀麻花，考完感覺如何？
還可以，我把考卷填滿了。
那我們來對一下答案吧。
開始啦！第一題選A！
嗯……
呃……
關！

《泡麵》

唸完書獎勵自己一碗泡麵，是麻花長久以來的習慣。
勞累後吃的泡麵是最美味的……
好香呀
杯麵
可每次……
杯麵
他都是在夢裡吃的……
真好吃……
杯麵

麻花

摩羯座

生日：12 月 24 日

身高：178 公分

喜歡的學科：物理

（麻花擬人介紹）

麻花的遊戲空間
Mahua’s Game Zone

第七十回◉劉裕建業

隨著**游牧民族**的**南下**，

《講談社．中國的歷史05．中華的崩潰與擴大：魏晉南北朝》：「（匈奴）西晉時期遷到山西汾水流域定居……（鮮卑）居住地分佈在遼河上游到河北、山西北部。氐族、羌族……也來到陝西、甘肅地區。」

晉朝皇室**遷都**南方……

白壽彝《中國通史》：「西晉滅亡後，司馬氏的政權東移，偏安於東南，史稱東晉。」

雖然重新**建立**了**東晉政權**，

白壽彝《中國通史》：「南逃的中原人……擁立琅琊王司馬睿為帝，在建康再建東晉政權。」

但**實力**……卻顯得**尷尬**……

白壽彝《中國通史》：

「（司馬睿）屬於皇室的疏屬，素無名望而又無業績……」

沒有辦法，只能選擇跟當地的**士族合作**，

白壽彝《中國通史》：

「他能建立東晉王朝……得到了南渡的北方世家大族和江南本地世家大族的支持和擁護。」

共同治理天下。

王仲犖《魏晉南北朝史》：

「東晉政權的建立，琅琊王氏翼戴之功居多……所謂『王與馬，共天下（王氏與司馬氏，共治天下）。』」

注：琅琊王氏，晉朝活躍的門閥士族之一。司馬家南下時，琅琊王氏為其團結北方士族，並盡心拉攏南方士族，為東晉政權的建立奠定基礎。

可俗話說，

共患難易，共富貴難。

局勢一**穩定**，

皇族就開始想**壓制士族**。

朱紹侯《中國古代史》：「司馬睿在建國後不久，開始疏遠王導……制約擁兵坐鎮武昌的王敦。」注：王導、王敦皆為琅琊王氏之人。

士族是那麼容易**壓制**的嗎？

於是**反手**就一個**造反**！

朱紹侯《中國古代史》：
「對此，王導、王敦等甚為不平……聯合南方大族吳興沈氏……在武昌起兵叛亂。」

敗下陣來的皇族只能**認輸**……

白壽彝《中國通史》：
「王敦控制了朝政……還把司馬睿軟禁在宮中，取消了人身自由。」

可在**往後**的過程中，
東晉**皇族**勢力卻瘋狂**「試探」**。

局勢一**緩和**，它就想**膨脹**。

田余慶《東晉門閥政治》：

「（王允死後，琅琊王氏）喪失了競逐的力量……桓、謝就是此刻同時興起的兩家士族……謝氏以豫州勢力維持著上下游的平衡和各士族門戶的平衡……（桓氏）使東晉各種力量和平相處，使東晉政局得以維持平靜。」

注：東晉朝政被眾多門閥士族掌控，權勢最大的有琅琊王氏、潁川庾氏、譙國桓氏、陳郡謝氏。

一膨脹**士族**就**造反**……

范文瀾《中國通史》：

「（東晉）政治上呈正常局面……帝室企圖增強自己的權力……因而引起強大族的不滿，野心家便乘機而起。」

反正就是**來來回回**地**互毆**……

朱紹侯《中國古代史》：

「東晉皇室一直難以擺脫門閥的控制，而皇權同門閥的鬥爭、門閥內部的鬥爭，也一直沒有停止過。」

而在這**過程**中，
有**一個力量**非常重要。

田余慶《東晉門閥政治》：「（它）影響於東晉的政局，大而且久。」

它如同一個**砝碼**，
傾向誰，誰就**獲勝**。

這，就是**北府兵**。

《晉書．列傳第五十四》：「（謝）玄以牢之為參軍，領精銳為前鋒，百戰百勝，號為北府兵。」
注：謝玄，陳郡謝氏。

作為一支由**北方流民**組建的軍隊，

田余慶《秦漢魏晉史探微》：「北府兵並非新軍，而是若干流民帥分領的久在江淮間活動的老軍。」

北府兵**戰鬥力爆表**。

《資治通鑑．卷一百四》：「（劉牢之）常領精銳為前鋒（北府兵），戰無不捷。」

在淝水之戰**幹掉前秦軍**的就是他們。

田余慶《東晉門閥政治》：「謝玄從流民和流民帥中募北府兵將成功……北府兵訓練精良……是淝水之戰中東晉獲勝的原因之一。」

然而這支隊伍強是**很強**，

白壽彝《中國通史》：「北府兵，是一支精幹強大的軍隊。」

就是腦子有點……

田余慶《東晉門閥政治》：「謝玄內遷，死會稽內史之任，隨征北府諸將失去了長期、穩定的統屬關係……處於無主狀態。」

在**皇族**和**士族**後期的**拉鋸**中，
北府兵有點像**雇傭軍**。

一會兒**投靠這兒**，

白壽彝《中國通史》：
「（四〇二年）當時北府兵最高的將領是劉牢之。劉牢之先是背叛王恭投降（司馬）元顯……」
注：王恭，太原王氏。

一會兒**投靠那兒**，

白壽彝《中國通史》：
「（劉牢之）後又背叛元顯投降桓玄……」
注：桓玄，譙國桓氏。

反正**迷茫**得不行。

田余慶《秦漢魏晉史探微》：
「隨著東晉統治者內部權力矛盾的激化，本來是對付外敵，馳騁疆場的北府諸將，紛紛在江左捲入內戰，為人驅除，幾經反覆……劉牢之惶惶然不辨方向，舉措失常，一變再變。」

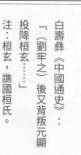

這樣的情況持續到**一個喵的出現**。

他就是**劉裕喵**。

白壽彝《中國通史》：
「劉裕，字德輿，小名寄奴。」

劉裕喵其實也是**北府兵**中的**將領之一**，

朱紹侯《中國古代史》：
「北府將領劉裕……曾以耕地捕魚為生，後投入北府兵劉牢之部下，累積軍功。」

據說是漢朝**老劉家**的**後代**。

白壽彝《中國通史》：「（劉裕）據說是漢高祖劉邦的弟弟楚元王交的後代。」

呃…… 不過這都是**幾百年前**的事了。

到他這兒已經是個**窮光蛋**。

白壽彝《中國通史》：「劉裕幼年時，家境已十分貧困。」

雖然**書沒怎麼讀**，

《資治通鑑．卷一百一十一》：

「（劉裕）僅識文字……」

白壽彝《中國通史》：

「他年輕時，幹的是被人瞧不起的力氣活，有時還出門做些小買賣，賺錢養家糊口。」

但劉裕喵卻**胸懷大志**，

《資治通鑑．卷一百一十一》：

「彭城劉裕……及長，勇健有大志。」

打起仗來**勇猛無比**，

《宋書．本紀第一》：

「（東晉）安帝隆安三年（三九九年）十一月，妖賊孫恩作亂於會稽……牢之命高祖（劉裕）與數十人，覘賊遠近。會遇賊至，眾數千人，高祖便進與戰。所將人多死，而戰意方厲，手奮長刀，所殺傷甚眾。」

在**加入**北府兵後，
作戰勇猛，一路**晉升**，

王仲犖《魏晉南北朝史》：「（劉裕）為前將軍劉牢之府參軍，隨牢之鎮壓浙東農民起義有功，累官至建武將軍。」

並且暗暗地等待著**機會**的到來。

在**當時**的形勢下，
皇族和**士族**已經**鬥過幾輪**。

傅樂成《中國通史》：「（東晉太元）十三年（三八八）……朝廷內亂接連而起……朋黨競起，朝局益壞。」

但在獲得**北府兵**的**幫助**後，

傅樂成《中國通史》：
「同年（三九八年），（王恭）舉兵，
並與……桓玄聯合……晉發兵討桓
玄，以（司馬）元顯為統帥，劉牢之
為前鋒……時牢之屯軍溧州，陰有異
志，竟率眾降桓玄……」

士族最終**打敗**了東晉**皇族**，

傅樂成《中國通史》：
「於是玄得順利進入建康。
桓玄既至京師，殺司馬元顯、
尚之等，並徙道子於外。」

甚至**篡奪**了**皇位**。

白壽彝《中國通史》：
「（四〇三年）桓玄稱帝，
國號楚。」

軍事科學院《中國軍事通史》：
「桓玄自篡位後，對於東晉腐
敗政治沒有革新措施，反而『驕
奢荒侈』『百姓疲苦』。」
白壽彝《中國通史》：
「（劉裕）在京口和北府舊人
劉道規、劉毅、孟昶、何無忌、
諸葛長民等密謀推翻桓玄了。」

這個動作讓劉裕喵**嗅到了時機**。

原本的北府兵是**跟著別人打仗**，

田余慶《東晉門閥政治》：
「（北府兵）一叛王恭而降
司馬道子，二叛司馬道子而
降桓玄……無法自存。」

無論**誰贏**，**東晉**政權的**主體不變**。

可**這會兒**，**東晉**直接被弄**沒了**……

傳樂成《中國通史》：「（四〇三年）桓玄稱帝於建康，國號楚。（晉）安帝被廢為平固王。」

於是乎，
劉裕喵立刻**集結**了北府兵**將領**，宣佈**討伐逆賊**。

軍事科學院《中國軍事通史》：「（四〇四年）三月，北府兵舊將劉裕聯合北府兵中下級軍官……結盟起兵，討伐桓玄……」

你要知道「北府兵」可**不是吃素**的，

兩三個月的時間，

篡位的**士族**…… 就**被掀了**。

軍事科學院《中國軍事通史》：

「（四〇四年）五月，兩軍相遇於崢嶸洲……玄軍大潰。」

至此，**南方**的東晉**皇族失去力量**。

白壽彝《中國通史》：

「安帝是個白癡，又被劉裕迎回去，復了皇位。」

注：桓玄篡權時翦除了大部分司馬王室的力量；安帝無能無權，是個傀儡人物。

而本地**士族**呢，則基本**被滅**。

田余慶《東晉門閥政治》：

「（劉裕）摧毀了以桓玄篡晉形式出現的門閥士族統治。」

注：劉裕大敗玄軍並自此開始佔據主動；此時期士族或敗或降。

劉裕喵一下成為了**東晉**皇朝
實質的**掌權者**。

朱紹侯《中國古代史》：「劉裕輔政（晉安帝），掌握了東晉全部軍政大權。」

隨著**政治格局**的**轉變**，

他憑藉強大的**軍事實力平定**國內**叛亂**，

白壽彝《中國通史》：
「桓玄雖死，桓謙和桓玄從子桓振等在荊州繼續抗擊劉裕，有一年左右，才最後被消滅……」

還**保衛**了**邊境**的安寧，

白壽彝《中國通史》：
「（東晉）義熙五年（四〇九），劉裕因南燕對邊境的不斷騷擾，率軍北伐……次年二月，劉裕攻破廣固城……南燕亡。」

由此**獲得**了極高的**威望**。

白壽彝《中國通史》：
「這樣一來，劉裕的權力大大增強，很有些一人之下萬人之上的意味了……威望、權勢與日俱增……」

最終，苟延殘喘了**一個世紀**左右的**東晉**皇朝，

被**劉裕**喵所**取代**。

軍事科學院《中國軍事通史》：

「（三一八年）司馬睿稱帝……史稱東晉……元熙二年（四二〇年）六月，晉安帝（注：據考證，此處應為晉恭帝）見大勢已去，遂將帝位禪讓於劉裕，東晉滅亡。」

白壽彝《中國通史》：

「劉裕正式稱帝，國號為宋，改元永初，定都建康，史稱宋武帝。」

這就是歷史上的**劉宋政權**。

軍事科學院《中國軍事通史》：

「（劉裕）改國號為宋，史稱劉宋……」

而劉宋的建立，
也意味著**全新南北格局**的**出現**。

傅樂成《中國通史》：「南朝時代……從宋武帝代晉的一年（四二〇）起……」

那麼作為對手的**北方**，
又將發生什麼變化呢？

（且聽下回分解。）

編者按

東晉算是個挺「掙扎」的皇朝。西晉末年，南下的這一支司馬本就羸弱不堪，全靠南北士族門閥借力才得以建立東晉。這就意味著國家從一開始就根基不穩，難以自立。部分士族權力過大，皇族只能通過扶持「新士族」來達到制衡，並試圖從中提升自己的實力和地位。如此往復，儘管東晉的各門閥士族輪流坐莊，甚至可以說是掛著「司馬氏」的招牌，掌著東晉的實權，但在皇族與士族、士族與士族間的爭奪中，各方的實力還是不斷消耗和削弱。而武將出身的劉裕抓準時機起兵，一舉消滅士族、把控皇室，最終得以自立。

劉裕——水餃（飾）

參考來源：《晉書》、《宋書》、《資治通鑑》、《講談社 · 中國的歷史05 · 中華的崩潰與擴大：魏晉南北朝》、傅樂成《中國通史》、範文瀾《中國通史》、白壽彝《中國通史》、王仲犖《魏晉南北朝史》、朱紹侯《中國古代史》、田余慶《東晉門閥政治》及《秦漢魏晉史探微》、軍事科學院《中國軍事通史》

附錄

【寶貝將士】

有人向劉裕獻上
一個無比美麗的琥珀枕，
可他聽說琥珀可以治刀槍傷，
立刻叫人把琥珀枕搗碎
分給將領們。

【能省就省】

劉裕為人節儉，
別人幫他置辦物件時本來準備用
款式好看的曲腳床和塗銀的釘子，
劉裕一聽就拒絕了，
改成樸素的直腳床和鐵釘。

【忙裡偷閒】

下了戰場的劉裕也有
悠閒隨和的樣子。
他經常穿著木拖鞋出門轉悠，
隨從也就十來個人左右。

百群喵檔案

水餃小劇場

《樂於助人的水餃 1》

《樂於助人的水餃 2》

水餃

牡羊座

生日：4月1日

身高：177公分

喜歡的學科：體育

（水餃擬人介紹）

水餃的遊戲空間

Shuijiao's Game Zone

第七十一回◉威服八方

淝水之戰，

是**五胡**十六國時期**影響重大**的戰爭。

范文瀾《中國通史》：
「淝水大戰是十六國時期
最大的一次戰爭……」

范文瀾《中國通史》：
「（淝水之戰）也是決定南
北……對立局面的一次戰爭。」
朱紹侯《中國古代史》：
「淝水之戰進一步確定了……
南北對峙的局面。」

經過這場大戰，

南北政局發生了**變化。**

南方進入了**內部更替，**

從**東晉**更新成了**劉宋**。

朱紹侯《中國古代史》：「四二〇年，劉裕廢東晉恭帝司馬德文，自立為帝（宋武帝），國號宋。東晉亡……」

而**北方**呢，

朱紹侯《中國古代史》：「（前秦）統一政權迅速瓦解……」

又回到了分裂模式……

朱紹侯《中國古代史》：「……在統一政權掩蓋下的各種矛盾又充分展開。」

前秦的**敗亡**，
使原本**被降服**的各部**重新復國**。

白壽彝《中國通史》：「淝水之戰敗後……原來被秦征服的各族貴族，都乘機起來謀求恢復他們的政治勢力。前秦土崩瓦解了。」

霸主爭霸賽重新打響……

白壽彝《中國通史》：「北方黃河流域又重新分裂成燕、秦、涼三個部分，許多小國互相攻奪。」

而在新的爭鬥中，**一個政權**慢慢**崛起**。

這就是**拓跋氏**建立的**北魏政權**。

朱紹侯《中國古代史》：
「（三八六年）拓跋珪在各部酋長的擁戴下，在盛樂稱王，重建代國。同年，改國號為魏，史稱北魏。」

作為北方的**游牧民族**，

拓跋一族**作風彪悍**，

白壽彝《中國通史》：
「從（北魏）登國三年（三八八）到登國九年（三九四），拓跋部落聯盟逐漸形成一個堅強的好戰集團……」

能**動手**的絕對**不動口**……

白壽彝《中國通史》：
「它不停頓地向四周各部落進行戰爭。」

從一代目開始就**瘋狂打仗**，

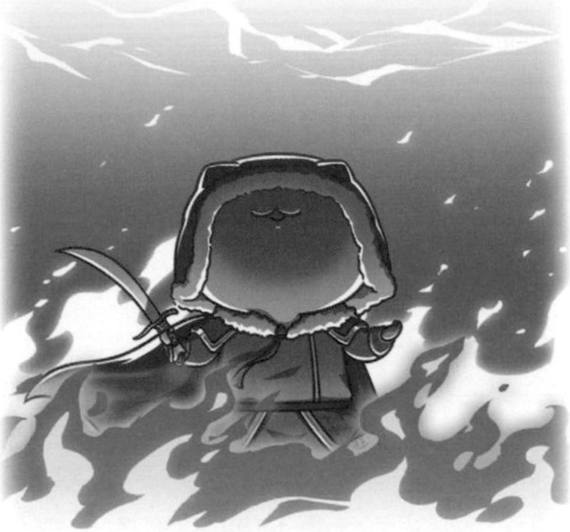

無論是**小部落**還是**大鄰國**，

朱紹侯《中國古代史》：

「（拓跋珪）先後攻降匈奴劉顯、賀蘭部、獨孤部、契丹莫溪部、紇突部等部落……」

通通被北魏**幹掉**……

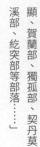

經過**兩代家主**的奮鬥，
北魏成為了**北方**的**「超級強國」**。

朱紹侯《中國古代史》：「（拓跋珪）擊敗高車、匈奴劉衛辰，獲得了草原霸主地位……三九五年，北魏軍在參合陂盡殲燕軍主力，北魏一躍而成為北方最強大的國家。」

而到**第三代**家主的出現，
更是將**北魏政權**推向新的**巔峰**。

白壽彝《中國通史》：「（他）統治期間……（北魏）使西晉末年以來北方地區的割據混亂局面得以結束……」

他就是太武帝——**拓跋燾喵**。

白壽彝《中國通史》：「拓跋燾，字佛貍……北魏皇帝，謚號太武皇帝。」

跟他的祖輩一樣，

燾喵也是個**愛打仗**的主。

《魏書．帝紀第四》：

「世祖（拓跋燾）聰明雄斷，威靈傑立，藉二世之資，奮征伐之氣，遂戎軒四出，周旋險夷。」

還**未成年**就敢親自**上場動刀子**。

《資治通鑑．卷一百二十》：

「（拓跋燾）臨城對陣，親犯矢石，左右死傷相繼，神色自若；由是將士畏服，咸盡死力。」

全朝上下無人敢不服從他……

作為**新一任**家主，

熹喵一**上位**便開始**準備統一戰爭**。

白壽彝《中國通史》：

「經拓跋圭、嗣父子兩代的經營……處於上升階段的拓跋氏正雄心勃勃，力圖統一北方，進擊南朝。」

注：拓跋珪，又名拓跋什翼圭。白壽彝老師的書中始終取「拓跋圭」作為他的姓名。

可就當時的情況，

北魏雖然**實力雄厚**，

白壽彝《中國通史》：

「北魏王朝經拓跋圭、嗣父子兩代的經營，統一大漠，東破庫莫奚，西敗高車，大勝後燕慕容氏，盡取黃河以北山西、河北之地……」

四周……**敵對的政權**卻**不少**。

白壽彝《中國通史》：

「……然而整個北方地區的形勢仍然十分複雜，赫連夏稱雄關中，匈奴別種盧水胡建立的北涼盤踞河西，鮮卑乞伏氏建立的西秦割佔隴右，遼東則有馮跋建立的後燕……」

而且最重要的是，
北邊還有一個**龐大的游牧部落**。

白壽彝《中國通史》：
「北方的柔然更是不斷犯界侵擾……」

這，就是**柔然**！

確切來講，柔然**不是**一個**國家**。

《魏書．列傳第九十一》：
「蠕蠕，東胡之苗裔也，姓鬱久閭氏……有部眾，自號柔然……」

他們**零散地分佈**在北方**大漠**裡，

白壽彝《中國通史》：「柔然……東起外興安嶺，西越阿爾泰山，南到大沙漠，北包貝加爾湖……」

時不時就過來**打個劫**……

白壽彝《中國通史》：「（柔然）屢屢侵擾邊界……騎兵萬餘攻入塞內，大掠邊民而走。」

或者**燒個城**……

白壽彝《中國通史》：「柔然……殺掠吏民，搶劫財物，攻陷盛樂故都。」

在燾喵**剛上位**那會兒，
他們就曾經過來**鬧過事**。

老大！柔然來了！

白壽彝《中國通史》：「（北魏）始光元年（四二四），拓跋燾即位不久，柔然漢紇升蓋可汗大檀就率領六萬騎兵攻入雲中。」

雖然**來勢洶洶**，

走！喝他喜酒去！

白壽彝《中國通史》：「拓跋燾親自率領輕騎，飛馳三天二夜至雲中。柔然兵把拓跋燾層層包圍了五十餘重……」

呃……卻**差點**被燾喵**幹掉**了……

看我弄死你们!!
不行！打不過！

白壽彝《中國通史》：「拓跋燾鎮定自若，指揮作戰。魏人射殺柔然可汗的弟弟，柔然懼，遁去。」

柔然退回大漠也只是一時的，

他們的**住所**並**不固定**。

傅樂成《中國通史》：「柔然人來去飄忽，因此不能予以重創。」

所以就算**主動追擊**，

傅樂成《中國通史》：「（北魏）太武帝時……曾屢次親伐柔然……」

柔然也能頂起帳篷**光速閃人**……

傅樂成《中國通史》：「但柔然善於奔竄，避免正面作戰，以致魏軍時常撲空。」

面對這樣一個**「流氓」**，

北魏很**無奈**呀……

白壽彝《中國通史》：「柔然便不斷侵擾，『蠕蠕犯塞』的記載史不絕書。」

然而作為一個**志在統一**的雄主，

燾喵卻必須**幹掉**他們。

白壽彝《中國通史》：「柔然的侵擾牽制了北魏力量，使其無力進一步征服其他割據政權……拓跋燾也清楚地認識到這一點……決定北征柔然。」

西元四二九年，

燾喵**親率**大軍**征討柔然**，

白壽彝《中國通史》：「（四二九）四月，拓跋燾治兵於南郊，分軍遣將，平陽王長孫翰領軍自西道向大娥山，拓跋燾領軍自東道向黑山，同會於柔然可汗庭。」

大軍浩浩蕩蕩**進入大漠**，

白壽彝《中國通史》：「五月，東道魏軍到達漠南……」

然後進行了**「閃電戰」**！

傅樂成《中國通史》：「魏軍採取奇襲……」

呃……意思就是……

把**行李**給我**扔了！**

抄上傢伙**跟我上！**

白壽彝《中國通史》：
「（拓跋燾）棄去輜重，輕騎越過沙漠進擊。」

不帶輜重的北魏騎兵移動速度**迅猛**，

白壽彝《中國通史》：
「拓跋燾率魏軍沿粟水西行……分兵搜討……」

「柔然軍」根本**反應不過來**。

白壽彝《中國通史》：「柔然可汗大檀聞聽北魏大軍來到，不及設備……」

就這樣……

柔然被打得**七零八落**……

白壽彝《中國通史》：「只得攜其家族，焚毀屋舍西遁，部落四散，畜產布野，無人收視……檀弟匹黎先聞有魏軍來攻，帥眾欲來救援，恰遇西道魏軍到達，被魏軍擊潰。」

沒有了柔然**之患**的北魏，

如同**破籠**而出的**猛虎**。

白壽彝《中國通史》：「（拓跋燾）擊敗柔然，使柔然怖威北竄，不敢復南，消除了北部邊境的威脅。」

在隨後的**十年**間，
燾喵逐個**消滅**了北方**其他政權**。

傅樂成《中國通史》：
「（劉宋）元嘉七年（四三〇）……魏既滅夏……元嘉十三年（四三六）伐北燕……北燕乃亡……」「元嘉十六年（四三九），魏師伐之，北涼亡。」

華夏**以北**重新回到**統一**狀態。

傅樂成《中國通史》：
「北涼是『十六國』中最後滅亡的一國，因此史家常以北涼滅亡的一年為北魏統一北方的一年。」

至此，**五胡十六國**的亂局正式**結束**。

范文瀾《中國通史》：
「四三九年，出兵滅北涼國，魏取得涼州。自三〇四年開始的十六國大亂，到這時候黃河流域才得到統一。」

南北雙方完成了**新的迭代**，

這正是**南北朝**時期。

白壽彝《中國通史》：
「中國歷史進入了南北朝時期，北魏作為南北對抗兩大力量中的強者出現，與南朝宋相抗爭。」

那麼作為**新時代**的開始，
南北之間又將爆發怎樣的**衝突**呢？

白壽彝《中國通史》：
「南方的劉宋政權亦虎視眈眈……形成對北魏王朝的又一個威脅。」

（且聽下回分解。）

編者按

歷經三代，拓跋氏且戰且勝，使廣袤的北方大地重歸統一。北魏與前秦雖同樣是以武力征服各游牧部族的，但二者在治國策略上有著很大差別。北魏自統一後，按部就班地加強了中央集權：解散戰敗的部落，將其首領們納入朝廷做官；引進儒學統一思想；努力發展農業，把併入的游牧民族固定在土地上……這一系列舉措不僅使國內政治清明、人民生活安定，各部族的「逆反心理」在一定程度上得到安撫，也使北魏得到進一步發展的空間和機會。比起倉促而速亡的前秦，北魏的穩打穩紮使其達到真正意義上的穩定，因而開啟一個新的時代——「北朝」。

拓跋燾——瓜子（飾）

參考來源：《魏書》、《資治通鑒》、傅樂成《中國通史》、白壽彝《中國通史》、范文瀾《中國通史》、朱紹侯《中國古代史》

附錄

【女裝大佬】

一次戰爭中，
拓跋燾親自潛入敵城打探消息，
結果被封鎖在城中。
無奈之下，
他只能穿起女裝，
趁夜色從城牆上溜走。

【艱苦樸素】

拓跋燾喜愛清淨，為人節儉，
服飾和日用品都是夠用就行。
華美豔麗的東西對他沒啥吸引力，
吃飯都不超過兩道菜。

【天生統帥】

帶兵打仗，拓跋燾能力超強。
人們聽他的就能打贏，
不聽他的多半會失敗。
他還能慧眼識英雄，
提拔了很多好將領。

百群喵檔案

瓜子小劇場

《目的》

拉麵老闆，感覺舒服嗎？
嗯……
炸雞來了！
嗯……
拉麵需要幫忙嗎？
你究竟有啥事啊？
能幫我買張彩券嗎？
嘿
嘿
嘿
嘿
嘿

《做夢》

瓜子發現了一棵搖錢樹，
只要一搖就會掉錢下來！
好多呀！
不敢相信這是真的！
我該不會在做夢吧？
啪！！
呃……

瓜子

金牛座

生日：5 月 3 日

身高：180 公分

喜歡的學科：地理

（瓜子擬人介紹）

瓜子的遊戲空間
Guazi's Game Zone

第七十二回 ◉ 倉皇北顧

隨著**五胡十六國**的結束，

白壽彝《中國通史》：「拓跋燾親率大軍征北涼……北涼亡。至此，北魏統一了全部北中國，結束了十六國分裂割據的局面。」

華夏大地進入了**南北朝**階段。

白壽彝《中國通史》：「公元四二〇年，中國歷史進入了南北朝時期，北魏作為南北對抗兩大力量中的強者出現……」

北朝，

由「戰爭之鬼」**拓跋燾**喵帶領的**北魏**開啟。

朱紹侯《中國古代史》：「北方正是北魏太武帝拓跋燾在位……（他）統一北方，國勢蒸蒸日上。」

南朝呢，

則是**劉宋**的**第二代**皇帝……

范文瀾《中國通史》：「四二二年，宋武帝死……四二四年，宋文帝即位。」

劉義隆喵。

宋文帝
劉義隆

《宋書．本紀第五》：
「太祖文皇帝諱義隆，小字車兒，武帝第三子也。」

說起來……

隆喵原本**不是正牌**皇位**繼承人**，

非嫡长

傅樂成《中國通史》：
「劉宋永初三年（四二二年），武帝病死，太子義符繼立，是為少帝。」

但……

大臣們**覺得**他**「是」！**

他太有魅力了。
你看他那樣子……
跟先皇長一個樣。
別煩了，是他了。

白壽彝《中國通史》：
「宋義符雖然作了皇帝，大權實在徐羨之、傅亮、謝晦等人手裡……徐羨之、傅亮等決定迎立武帝的第三子宜都王義隆。」

所以……

他的兩位**哥哥**就被**「光榮」**幹掉了……

傅樂成《中國通史》：

「羨之等乃於景平二年（四二四）以皇太后令廢帝（少帝）為營陽王，繼而弒之。武帝次子義真……於少帝被廢前不久被殺。」

注：宋少帝上位一年有餘便被權臣所廢，劉義隆隨後即位，成為劉宋正式的第三代皇帝。

大臣們硬是**扶了隆喵**上去**當皇帝**。

白壽彝《中國通史》：

「義隆聽得義符、義真被殺，去不去建康作皇帝很是猶豫。他的司馬王華、長史王曇首、南蠻校尉到彥之都勸他去……公元四二四年八月，義隆到建康，即皇帝位，為宋文帝。」

上位後的隆喵也確實**努力發展**，

軍事科學院《中國軍事通史》：「宋文帝……實行了一些有利於政治清明和經濟發展的措施。」

在他的治理下，
南方**經濟**實力得到了**提升**。

范文瀾《中國通史》：「長江流域在宋文帝統治的三十年中，呈現東晉以來未曾有的繁榮氣象。」

這就是歷史上的**「元嘉之治」**。

軍事科學院《中國軍事通史》：「由於宋文帝年號為元嘉（四二四—四五三年），所以這一時期被舊史家譽之為『元嘉之治』。」

而作為**南北**各自的**領導人**，

燾喵和隆喵同樣**少年英才**，

《宋書．本紀第五》：
「太祖（劉義隆）幼年特秀……及正位南面，歷年長久，綱維備舉……」
《魏書．帝紀第四》：
「世祖（拓跋燾）聰明雄斷，威靈傑立……」

同樣**文韜武略**，

《宋書．本紀第五》：
「（劉義隆）才謝光武，而遙制兵略，至於攻日戰時，莫不仰聽成旨。」
《魏書．帝紀第四》：
「（拓跋燾）臨敵常與士卒同在矢石之間，左右死傷者相繼，而帝神色自若……性又知人，拔士於卒伍之中，惟其才效所長，不論本末。」

也**同樣**……

咳……**看對方不順眼**……

范文瀾《中國通史》：「宋文帝憑藉富強的國力，經常出兵擊魏，想收復黃河以南的土地。魏太武帝勇武善戰，統一黃河流域後，有吞併江南的奢望。」注：宋武帝劉裕死後，北魏奪取了劉宋在黃河以南的大片土地。劉義隆即位後一直企圖收復失地。

為了**統一**天下，

他們兩邊都想著**幹掉對方**……

朱紹侯《中國古代史》：「雙方均有攻滅對方、統一中國的意圖。」

於是，

一場影響南北朝的**大戰爆發了**。

范文瀾《中國通史》：「四五〇年，南北兩個全盛的國家，爆發了決存亡的大戰爭。」

這就是**瓜步之戰！**

白壽彝《中國通史》：
「元嘉二十七年（四五〇）十二月……魏宋之間進行了著名的瓜步之戰。」

王仲舉《魏晉南北朝史》：
「拓跋燾就在元嘉二十七年，調動大軍南下……自率步騎十萬，進攻宋的懸瓠城。」

西元**450年，**
燾喵帶著**十萬**小弟**率先出擊，**

但……**沒得逞……**

白壽彝《中國通史》：
「宋軍守城之人雖不滿千人，但拚力固守，拓跋燾攻城四十二天不克，劉宋援軍已到，只得退兵。」

於是**輪到**隆喵，

朱紹侯《中國古代史》：
「這年（四五〇年）七月，劉宋出動大軍分水陸數路北伐。」

他不僅動員**全國兵力**，

白壽彝《中國通史》：
「七月，宋文帝……在青、冀、徐、豫、二兗六州全境徵兵。」

還砸下**大量軍費**！

白壽彝《中國通史》：
「由於財力不足，（宋）國內上起王公、妃子，下到民間百姓，都要獻金帛、雜物以助國用。」

結果……

卻……遭到燾喵**反殺**……

范文瀾《中國通史》：

「魏太武帝（拓跋燾）也發兵號稱百萬渡黃河來應戰。宋將王玄謨率主力軍攻滑台，被魏主力軍擊敗。」

栽跟頭的隆喵**邊打邊退，**

最終去到**瓜步山**附近。

朱紹侯《中國古代史》：

「於是魏軍隨之南下，一直打到長江北岸之瓜步。」

雙方隔著**長江對峙**了起來……

白壽彝《中國通史》：

「瓜步古時濱臨長江，與建康隔江相對。魏軍伐葦為筏，壞民廬舍，日夜備戰……宋領軍將軍劉遵考等將兵分守津口要塞，遊邏上接於湖……」

對峙**過程中**，
劉宋因為**打不過**，咬緊牙**死守**。

白壽彝《中國通史》：「劉宋朝廷上下震恐，內外戒嚴，盡發民丁，王公子弟皆從役，才建立起一道防線。」注：劉宋久戰不勝，而北魏所在的瓜步與劉宋首都建康僅一江之隔。此時劉宋只能嚴防死守，再不能退。

北魏則因為「坐長途車」過來，
也**累得不行**……

白壽彝《中國通史》：「魏後方也不穩固，加上遠路作戰，兵師疲敝……」

最後雙雙**熬不下去**，
只能宣佈**「散場」**。

朱紹侯《中國古代史》：「魏見無隙可乘，加之天寒地凍，糧草不濟，於次年正月被迫退軍。」

聲勢浩大的**瓜步之戰**是一場

沒有贏家的戰爭。

范文瀾《中國通史》：
「宋從此國力大損，魏兵馬死傷也過半數，南北兩朝都疲憊，不敢再輕易較量兵力。」

北魏勞師動眾卻**無所收穫**，

白壽彝《中國通史》：
「北魏也沒有獲得什麼好處。魏軍在戰爭中『士馬死傷亦過半，國人皆尤之』。」

而**劉宋**，則因用力過猛導致**元氣大傷**。

白壽彝《中國通史》：
「瓜步之戰，宋受創慘重。經過戰亂，宋土一片殘破。元嘉之治自此衰落了。」

經過這次戰役，

南方實力開始**弱於**北方。

朱紹侯《中國古代史》：
「從此，南北對峙局面開始向北強南弱轉化。」

此後更是**引發**了政局的**動盪**……

軍事科學院《中國軍事通史》：
「隨後，劉宋王朝又陷入不斷的內亂之中。」

瓜步之戰**二十多年**後，

軍事科學院《中國軍事通史》：「元嘉二十七年，劉宋與北魏進行了一場大規模戰爭（瓜步之戰）……劉宋升明三年（四七九年）四月，掌握朝廷軍政大權的中領軍蕭道成，逼宋順帝劉準禪讓。」注：劉準，劉義隆的孫子。

劉宋**滅亡**。

范文瀾《中國通史》：「四七九年，蕭道成滅宋朝。」

且在隨後的**110多年**裡，
南方經歷了**齊**、**梁**、**陳**三朝**更替**。

范文瀾《中國通史》：「四七九年，蕭道成滅宋朝，建立齊朝……齊朝六帝，首尾凡二十三年……」「五〇二年，蕭衍滅齊，建立梁朝……梁朝四帝，首尾凡五十六年……」「五五七年，（陳霸先）滅梁稱帝，建立對抗齊周和後梁的陳朝……陳朝五帝，首尾凡三十三年。」

每一朝的**更替**
基本都是因為皇帝**「太離譜」**，

錢穆《國史大綱》：
「南朝的皇帝，在富貴家庭裡養起來，他們只稍微薰陶到一些名士派放情肆志的風尚，而沒有沉浸到名士們的家教和門風……在他們前面的路子，只有放情胡鬧。」

然後被小弟**造反**。

例如**齊皇帝**，

軍事科學院《中國軍事通史》：「（四九八年）蕭寶卷即位……荒淫殘暴，殘殺宗室，誅戮大臣。」

是個**暴力狂**，

被小弟**幹掉**。

范文瀾《中國通史》：「五〇一年，雍州刺史（鎮襄陽）蕭衍起兵攻入建康。」

梁朝取代**齊朝**。

范文瀾《中國通史》：
「五〇二年，蕭衍滅齊，建立梁朝。」

梁武帝，

《梁書．本紀第一》：
「高祖武皇帝，諱衍……」

熱衷**當和尚**……

傅樂成《中國通史》：
「他（蕭衍）晚年崇信佛法，為政過於寬大，因此刑典廢弛，紀綱不立。」

也被小弟**幹掉**。

傅樂成《中國通史》：「（梁）太清元年（五四七），東魏大將侯景以河南地來降……（梁武帝）於是封景為河間王……武帝為景所制……困餓而死。」

最後**陳朝**取代**梁朝**……

傅樂成《中國通史》：「始興（今廣東韶關）太守陳霸先……起兵討景……大破侯景軍於姑孰……次年，霸先廢敬帝自立，國號曰陳。」

直到**陳後主**上位，

朱紹侯《中國古代史》：「五八三年，陳後主叔寶繼位。」

在位的**皇帝**仍然是個**「公子哥」**……

范文瀾《中國通史》：「陳後主荒淫……君臣酣歌，通宵達旦。」

然而，南方**政局雖說動盪**，

錢穆《國史大綱》：「南朝諸帝……內朝常任用寒人，外藩則託付宗室。然寒人既不足以服士大夫之心，而宗室強藩，亦不能忠心翊戴，轉促骨肉屠裂之禍。」

文化倒是極其**繁榮**。

《南史．列傳六十二》：「自中原沸騰，五馬南渡，綴文之士無乏於時。」

南朝的更替基本是**上層**政權的**爭鬥**，

白壽彝《中國通史》：「在南朝方面，統治階級內部的鬥爭，其中包含皇權與宗室間的鬥爭和皇帝與權臣間的鬥爭……」

社會沒有經歷太多**戰火**，

范文瀾《中國通史》：「（南朝）大體上社會處於安定狀態中……」

相對**穩定**的社會經濟使**文化**得到**發展**。

范文瀾《中國通史》：「因此，經濟和文化的發展，獲得了必要的條件。」

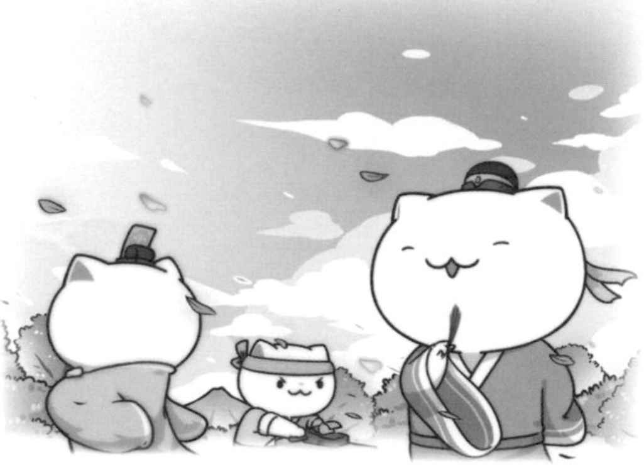

其**文化藝術**成就，
甚至**影響**了華夏**後世**一千多年。

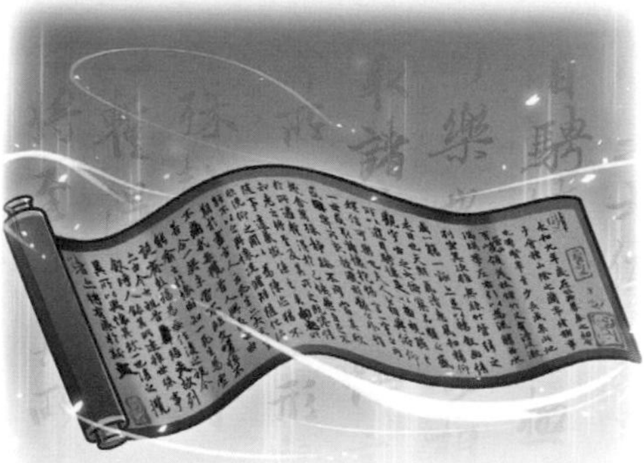

范文瀾《中國通史》：「中國古文化極盛時期，首推漢唐兩朝，南朝卻是繼漢開唐的轉化時期。」

而在**南方**頻繁**更替政權之時**，
我們把目光**移回北方**。

白壽彝《中國通史》：
「黃河流域經歷了長期的戰爭，土地荒蕪，人口銳減，生產凋敝，民不聊生。」

此時的北魏也發生了**變化**，

是什麼呢？

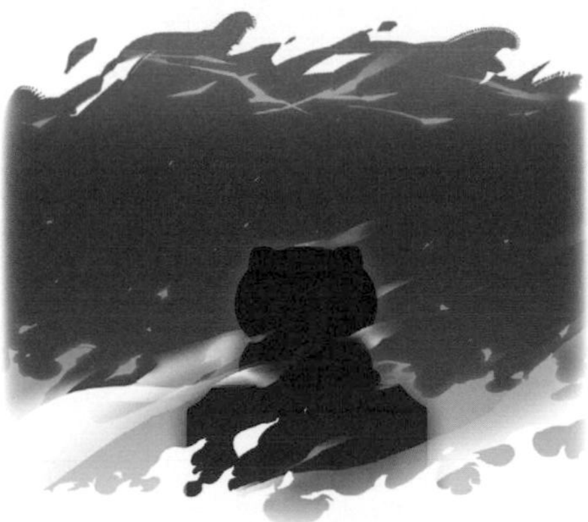

（且聽下回分解。）

編者按

南朝，始於四二〇年，亡於五八九年，中間經歷了宋、齊、梁、陳四朝二十四任皇帝。它有過元嘉之治的短暫輝煌，但經歷了瓜步之戰的慘痛失敗以後，便陷入了統治階級內鬥和政權頻繁更迭的混亂中，南朝的政治自此一蹶不振。但慶幸的是，上層的爭權奪利很少波及下層，平民百姓在較為穩定的環境中，對南方進行了近百年的竭力開發，使長江流域逐漸富庶與繁榮。正因如此，南方有了成為又一個「政治與經濟中心」的資本（范文瀾《中國通史》）。之後近千年裡，無論是隋唐時的經濟「十有八九」倚仗南方，還是明朝的政治一度紮根南方，都得益於此時的大力發展。

拓跋燾——瓜子（飾）

劉義隆——花卷（飾）

參考來源：《魏書》、《梁書》、《宋書》、《南史》、傅樂成《中國通史》、白壽彝《中國通史》、范文瀾《中國通史》、朱紹侯《中國古代史》、王仲犖《魏晉南北朝史》、軍事科學院《中國軍事通史》、錢穆《國史大綱》

附錄

【「氣死」戰術】

面對劉義隆的北伐大軍，
拓跋燾不僅不怕，
還瘋狂挑釁。
他寫信「噓寒問暖」，
甚至送了一批駿馬和
藥物以示「關心」。

【遙控打仗】

劉義隆打仗自己不下戰場，
特別喜歡「遠程」排兵佈陣，
而且要求將士都按照
他擬定的作戰方案行事，
但似乎效果一般般……

【親自下場】

不管是打北燕、北涼、柔然，
還是後來的南征，
拓跋燾都喜歡親自率軍出征。
他心思縝密，指揮靈活，
讓敵軍難以招架。

百群喵檔案

花卷小劇場

《花卷的體驗 1》

《花卷的體驗 2》

花卷

獅子座

生日：8 月 15 日

身高：179 公分

喜歡的學科：數學

（花卷擬人介紹）

花卷的遊戲空間
Huajuan's Game Zone

第七十三回◉太和改制

瓜步之戰後，

南北兩方都**變了天**。

白壽彝《中國通史》：
「瓜步之戰，宋受創慘重。經過戰亂，宋土一片殘破。元嘉之治自此衰落了……北魏也沒有獲得什麼好處。魏軍在戰爭中『士馬死傷亦過半，國人皆尤之』。」

南方**「菜雞互啄」**，

白壽彝《中國通史》：
「在南朝方面，統治階級內部的鬥爭，其中包含皇權與宗室間的鬥爭和帝王與權臣間的鬥爭……」

朝代**換個不停**。

張舜徽《中華人民通史》：
「從四二〇年東晉滅亡，到五八九年……一百七十年間，中國南部相繼建立了四個封建王朝：宋、齊、梁、陳。」

而北方呢，

也**沒多好**……

《魏書．帝紀第五》：
「（北魏）世祖（拓跋燾）經略四方，內頗虛耗。既而國釁時艱，朝野楚楚。」

領導者不僅**上一個死一個**……

傅樂成《中國通史》：
「魏太武帝於宋元嘉二十九年（四五二年）為中常侍宗愛所弒，其太子晃已先死，晃子濬年幼，愛乃立太武庶子南安王余。余以宗愛專恣，欲奪其權，又為愛所弒。同年，朝臣劉尼、源賀等擁濬繼位，是為文成帝。」

朝廷甚至被**權臣操控**。

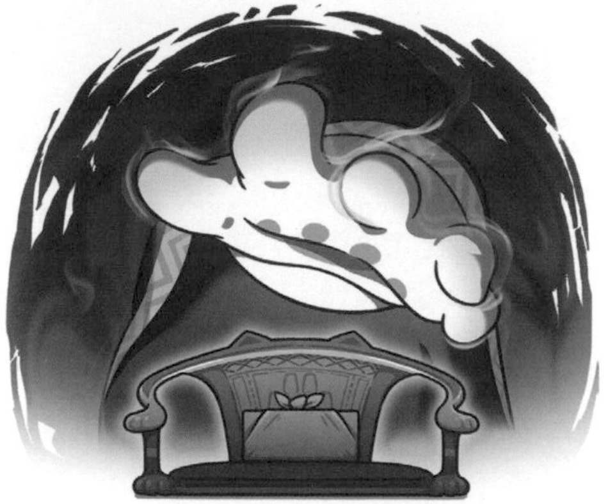

這樣的情況直到

一位**女性**的出現**扭轉了局面**。

白壽彝《中國通史》：「在她的主持下，北魏進行了一系列具有重大意義的改革，北魏的歷史打開了新的一頁。」

她，就是**馮太后喵**。

《魏書．列傳第一》：「文成文明皇后馮氏，長樂信都人也。」

軍事科學院《中國軍事通史》：「文明太后是北魏文成帝拓跋濬（四五二—四六五年在位）的皇后，文成帝死後，獻文帝（四六六—四七一年在位）繼位，她被尊為皇太后。」

實話說，馮喵一生就像一齣**大女主劇**。

一開始是北燕國的**貴族**，

白壽彝《中國通史》：「馮氏……祖父馮弘，北燕末代國王。」

然後北燕就被**滅了**……

白壽彝《中國通史》：「四三六年，馮弘被迫放棄龍城，逃往高麗。北燕亡。北燕建國共二十四年。」

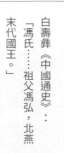

而**「兇手」**正是**北魏**。

范文瀾《中國通史》：
「魏太武帝……四三六年，滅北燕國，魏取得遼河流域。」

白壽彝《中國通史》：
「北魏兵臨和龍，馮弘棄城奔高麗；其子馮朗、馮邈降魏……馮氏是馮朗之女，其父馮朗突然罹難被殺，頓時家破人亡了。馮氏受到株連，被沒入平城皇宮……」

雖然馮喵是作為**戰利品**，
被**送進**北魏後宮的。

但幾年的時間，
馮喵先是成了**妃子**……

後來還當上了**皇后！**

白壽彝《中國通史》：

「興安元年（四五二），文成帝拓跋浚（濬）繼位，馮氏被選為貴人，當時她只有十四歲。四年後，她被立為皇后。」

呃……可惜沒多久……

皇帝就死了……

《魏書．帝紀第五》：

「（北魏和平）六年（四六五年）……五月癸卯，帝崩於太華殿，時年二十六。六月丙寅，上尊謚曰文成皇帝……」

皇帝的死讓北魏**政權**陷入了**危機**中，

白壽彝《中國通史》：

「朝政大權操在車騎大將軍乙渾的手中。乙渾心懷叵測，矯詔誅殺異己，先後殺害了尚書楊保年、平陽公賈愛仁、南陽公張天度和平原王陸麗等人。」

權臣不但把控**朝政**，

還想**替換**皇位**繼承者**。

《魏書．帝紀第六》：

「太尉乙渾為丞相，位居諸王上，事無大小，皆決於渾。」

小皇帝**瑟瑟發抖**呀……

然而他們似乎**忘了**一個喵的存在。

沒錯，這就是咱們的大女主——

馮喵！

沈起煒《黎東方講史之續．細說兩晉南北朝》：「時勢迫使馮太后不能不站出來收拾時局。」

從14歲進宮起，
馮喵就開始**「接觸」**北魏**政治**。

《魏書．列傳第一》：
「年十四，高宗踐極，以選為貴人，後立為皇后。」
白壽彝《中國通史》：
「馮氏是個精明的婦人……十多年的宮廷政治生活，使她更加敏銳機智了。」

亂臣們的**陰謀**，她早有**防範**。

白壽彝《中國通史》：
「（馮太后）不動聲色地注視著周圍事變。當她覺察到乙渾心術不正，謀危帝室時……」

所以在她的協助下，
亂臣們很快就**被消滅**。

白壽彝《中國通史》：
「（馮太后）便密定大計，突然以謀反罪殺掉了乙渾……」

新繼任的**小皇帝**也開始**親政**，

傅樂成《中國通史》：
「太后馮氏（文成帝后）誅乙渾，臨朝稱制，既而歸政。」
白壽彝《中國通史》：
「（獻文帝即位後）馮氏親自撫育還在襁褓中的太子，宣稱自此不聽政事，還政於獻文帝。」

呃……

雖然**沒多久**，小皇帝**也死了**……

《魏書．帝紀第六》：
「（北魏）承明元年（四七六年），（獻文帝）年二十三，崩於永安殿。」

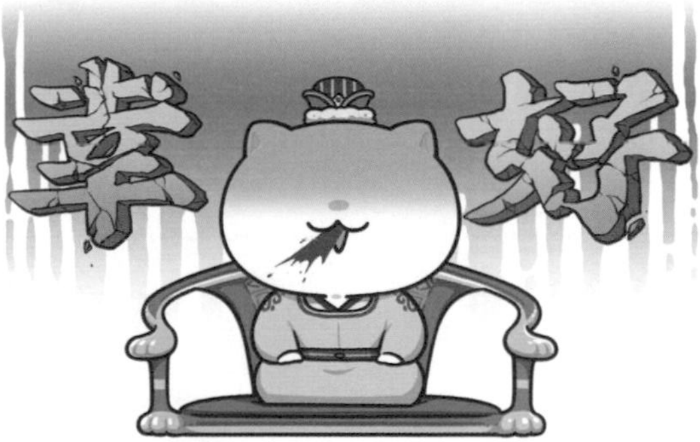

為了**穩定**朝局，

作為**太皇太后**的馮喵於是**親自主政**。

白壽彝《中國通史》：
「獻文死後，馮氏稱太皇太后……臨朝聽政。從此，她大權獨攬，事必躬親……」

一百多年的**戰亂**，
使當時的北方**田地荒蕪，經濟凋敝**。

白壽彝《中國通史》：「北魏連年對外用兵，壯丁徵發，田地荒蕪，出現了『良疇委而不開，柔桑枯而不採』的淒涼景象。」

這樣的情形之下，
想發展就必須**改革**。

白壽彝《中國通史》：「北魏的統治已經到了非改弦更張不可的時候了。擔當起這個歷史重任的不是別人，正是馮太后。」

於是乎，馮喵頒佈了**三條法規**。

白壽彝《中國通史》：「（北魏）太和九年（四八五），馮太后制定俸祿制度……」

首先是**「俸祿制」**，

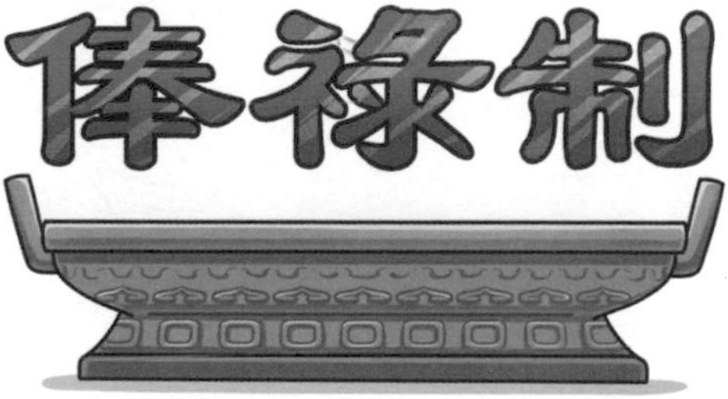

北魏的**財政**主要靠**戰爭掠奪**，

白壽彝《中國通史》：「北魏早期的統治者以掠奪戰爭為事，官吏參與擄掠，接受賞賜，而沒有俸祿。」

意思就是**搶得多**，官員就**分得多**。

白壽彝《中國通史》：
「（北魏）一出戰就命官兵盡力掠奪，戰勝歸來，將掠奪之物予以瓜分。」

這樣的習性導致百姓也受盡**剝削**，

軍事科學院《中國軍事通史》：
「北魏前期，官吏無俸祿，更促使各級官吏貪贓枉法，聚斂財富，殘酷盤剝百姓。」

所以俸祿制就是**統一**給官員們**發薪水**。

朱紹侯《中國古代史》：
「（北魏）又制定俸祿制度，官吏俸祿由國家統一籌集……」

然後規定官員**不准盤剝百姓**，

朱紹侯《中國古代史》：「（官吏俸祿）定期按官品發放，不許官吏自籌。同時加大反貪力度，樹立御史台權威。」

誰敢**盤剝百姓**誰就**死**……

朱紹侯《中國古代史》：「百官凡貪污帛一匹以上及枉法者，一律處死。是年秋，即派人到各地視察，處死貪贓枉法守宰四十餘人。」

那麼發薪水的**錢怎麼來**呢？

馮喵開始推行**「均田制」**，

朱紹侯《中國古代史》：
「（北魏）太和九年（四八五年）……十月北魏發佈均田詔令。」

簡單講就是，**分地**給農民**耕種**，

白壽彝《中國古代史》：
「均田……就是把土地劃分成一塊塊，按人口分給無地或少地的百姓。」

農民則向國家**交稅**。

白壽彝《中國通史》：
「許多農民不得不投靠大族豪強，淪為蔭附戶……蔭附戶不承擔國家的賦稅徭役……」
唐長孺《魏晉南北朝隋唐史講義》：
「為了鼓勵苞蔭戶脫離豪強控制，還必須減輕賦稅……這種賦稅制度的特點是一律按戶徵收。一夫一婦為一戶，繳納一匹絹，二石穀子……」

這樣一來，耕地**得到利用**，

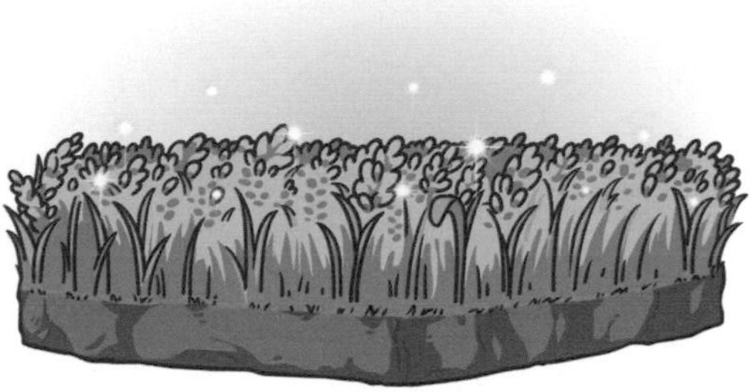

國家也能收到**更多的錢**。

唐長孺《魏晉南北朝隋唐史講義》：
「農民繳納給國家的賦稅比原來向宗主督護制下的宗主豪強所繳納的要少，因而鼓勵苞蔭戶從地主豪強的控制下解放出來，向國家申報戶口，成為國家的均田農民。這樣一來，國庫的收入不但沒有減少，相反卻大大地增加了。」

而有了**制度**，自然要有**管理**。

唐長孺《魏晉南北朝隋唐史講義》：

「政府所控制的均田農民增多，從而激起了豪強的反對……」

「北魏要加強對農村的統治，增加國庫收入，就有必要調查戶口，重建基層政權……」

馮喵的第三條法規就是**「三長制」**。

唐長孺《魏晉南北朝隋唐史講義》：

「（北魏政府）遂於公元四八六年頒佈三長制。」

她將**五戶**編為**一鄰**，

唐長孺《魏晉南北朝隋唐史講義》：
「規定五家為鄰立一鄰長……」

五鄰編為**一里**，

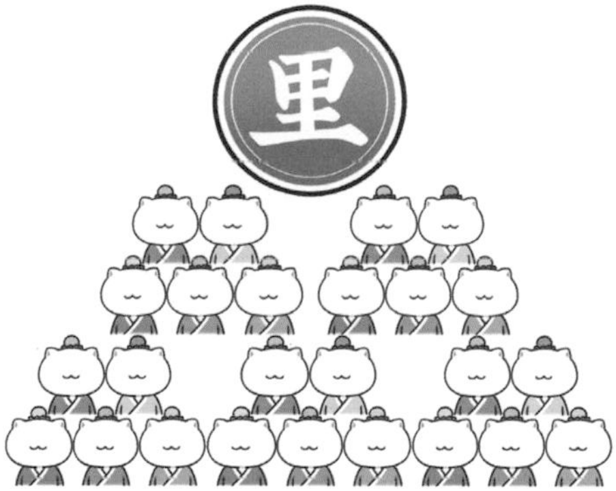

唐長孺《魏晉南北朝隋唐史講義》：
「五鄰為里立一里長……」

五里編為**一黨**。

唐長孺《魏晉南北朝隋唐史講義》：
「五里為黨立一黨長。」

鄰長、里長、黨長**層層管理**，

代表國家向農民**收稅**。

朱紹侯《中國古代史》：

「其（三長）職責是掌握鄉里人家的田地，檢查戶口，管理農民，徵收租調，徵發兵役徭役。通過實行三長制……使政府政令能較好地貫徹到基層，北魏的基層統治機構更趨完善。」

經過4年的推行，

北方的**民生**漸漸得到**恢復**。

軍事科學院《中國軍事通史》：

「文明太后……改革也使北方的社會經濟得到了空前的發展，由於均田制的實行，一部分荒地得到開墾，大批勞動人手與土地結合起來，使農業生產迅速得到恢復和發展，社會經濟逐漸繁榮起來。」

北魏也開始從**游牧**政權向**農耕**政權**過渡**，

王仲舉《魏晉南北朝史》：

「中原地區推行均田制成功，基本上改變了拓跋部過去……畜牧業仍占很大比重的局面。北魏王朝從這時候起，農業生產在社會經濟中占到絕大比重了。」

這些**法規**更成為中原**之後幾百年**

基本制度的**基礎**。

陳寅恪《隋唐制度淵源略論稿》：

「北朝有均田之制……隋、唐之田制實同。」

後世稱之為**太和改制**。

作為一名**女性政治家**，
馮喵堅毅且果斷，

不僅**維護**了**北魏**政權的**穩定**，

唐長孺《魏晉南北朝隋唐史講義》：
「（馮太后）改革以後的二十年間，民族矛盾和階級矛盾有所緩和，人民的起義相對減少。」

更為它的發展**制定**了**方向**。

白壽彝《中國通史》：
「馮太后不愧是北魏歷史上起著承前啟後作用的傑出人物，她採取的種種改革措施，成了北魏封建化道路上的里程碑，而且對我國封建社會歷史產生了深遠的影響。」

而要**統一天下**，
目前的力量還遠遠**不夠**。

范文瀾《中國通史》：
「在三年內實行班俸祿、立三長、行均田三大改革，民眾對鮮卑統治的反抗，多少有些趨於緩和。當然，反抗還是繼續著……魏國的本土，即平城周圍的畿內，形勢也很不穩定。」

這個發展的**重任**，
則落在了她用心**培養**的**孫子**肩上。

朱紹侯《中國古代史》：
「公元四九〇年，馮太后死……（他）繼續進行改革。」

他是誰呢？

《魏書．帝紀第七》：
「……諱宏，顯祖獻文皇帝之長子……」

（且聽下回分解。）

編者按

北魏建國後歷經三代的建設與發展，才得以走向頂峰，一舉稱霸北方。然而，隨著第三代皇帝的去世，國家卻陷入了一段低迷的時期。三代皇帝連續早死，導致政局動盪，中央的統治岌岌可危。這時，幫助北魏渡過難關的正是馮太后。她不僅清理亂黨、整頓朝堂，更是力行改革，在北魏歷史上起到了承上啟下的關鍵作用。在馮太后之前，北魏更接近一個具有掠奪性質的軍事集團，是她逐步將北魏轉變成安定、長遠發展的農業國家。這一系列舉措，甚至為後世一場翻天覆地的變革打下了堅實的基礎……

馮太后──湯圓（飾）

參考來源：《魏書》、白壽彝《中國通史》、傅樂成《中國通史》、范文瀾《中國通史》、朱紹侯《中國古代史》、王仲舉《魏晉南北朝史》、張舜徽《中華人民通史》、軍事科學院《中國軍事通史》、唐長孺《魏晉南北朝隋唐史講義》、沈起煒《黎東方講史之續．細說兩晉南北朝》、陳寅恪《隋唐制度淵源略論稿》

附錄

【節衣縮食】

馮太后十分節儉，
不穿金戴銀，
衣服被褥都是素色的。
她飯也吃得很少，
只吃了自己份額的十分之八。

【愛得深沉】

馮太后跟老公關係應該不錯。
老公死時她悲傷不已，
甚至跳到火裡想殉情，
最後被人救了出來，
很久才甦醒。

【「嚴祖高孫」】

馮太后對孫子孝文帝十分嚴格，
帶在身邊親自教育培訓，
孝文帝最終長成了一個才華卓越、
有膽有識的政治家。

一群喵檔案

湯圓小劇場

《求求你》

為什麼我無論怎麼學，都做不出你的感覺？
沒關係，慢慢來嘛。
不過我以前學的時候，會把每次的作業拍下來……
然後做筆記。
可以給我看一下嗎？求求你！
不行，都是不堪的過去……
不然你試試給點意見？
稍等，我去給你拿。

《黑歷史》

放心，我會保密的。
給你，不要笑我喔。
學習筆記
這……
嗯？
缺點：
顏色搭配過於單調
口感層次還
擺盤上沒
我再也不想學做飯了！
啊?!

湯圓

水瓶座

生日：2 月 14 日

身高：168 公分

喜歡的學科：英語

（湯圓擬人介紹）

湯圓的遊戲空間
Tangyuan's Game Zone

第七十四回◉孝文改革

為了國家的**發展**，

北魏進行了**漢化改革**。

白壽彝《中國通史》：
「（北魏）進行了改革，堅持走漢化的路，一方面既是要改革政治、經濟上的落後狀態，另一方面也是要緩解與漢族之間的民族矛盾。」

馮太后喵頒佈**改制**，

白壽彝《中國通史》：
「（北魏太和）八年（四八四）六月，（馮太后）下詔班制俸祿；九年、十年，她又親自主持頒行了重要的均田制和三長制……」

奠定了**改革基礎**。

白壽彝《中國通史》：
「（馮太后改革）給北魏社會帶來重大的變化……這些都為後來的改革大業奠定了堅實的基礎。」

可真正將改革**進行到底**的，
則是北魏**新一任**皇帝。

唐長孺《魏晉南北朝隋唐史講義》：「馮太后死後……（他）親自主持改革，其主要內容是實行漢化政策。」

他就是**孝文帝**——
拓跋宏喵。

《魏書．帝紀第七》：「高祖孝文皇帝，諱宏，顯祖獻文皇帝之長子……」

宏喵**從小**在**馮太后**身邊長大，

白壽彝《中國通史》：
「孝文帝自幼在太后的撫育、培養下長大成人，對祖母十分孝敬，性又謹慎……」

據說出生時**神光照室，香氣滿屋，**

《魏書．帝紀第七》：
「（北魏）皇興元年（四六七年）八月戊申，（拓跋宏）生於平城紫宮，神光照於室內，天地氛氳，和氣充塞。」

且從小就**愛看書**，

《魏書．帝紀第七》：「雅好讀書，手不釋卷。《五經》之義，覽之便講，學不師受，探其精奧。」

坐車看，

騎馬也看。

白壽彝《中國通史》：「孝文帝一生勤學，喜好讀書……輿車之中，戎馬之上，都不忘講經論道。」

五歲就已經登基**當皇帝**，

白壽彝《中國通史》：
「（北魏）皇興五年八月，獻文帝傳位太子，自稱太上皇帝，宏即皇帝位元，改年號為延興元年（四七一），時年五歲。」

然後**跟著**馮太后**學習治國**，

白壽彝《中國通史》：
「在太后的長期嚴格教育和直接影響下，他（孝文帝）不但精通儒家經義、史傳百家而才藻富贍，而且積累了豐富的治國經驗……」

等到23歲**親政時**，
已經是個**老練**的政治家了。

傅樂成《中國通史》：
「齊武帝永明八年（四九〇），馮太后死，孝文始得親政。」
白壽彝《中國通史》：
「（北魏）太和十四年（四九〇），孝文帝年滿二十三歲，這時，他已成長為一個具有卓越才華、有膽有識的青年政治家。」

北魏是個**游牧**政權，

軍事科學院《中國軍事通史》：「北魏以游牧民族入主封建經濟發達的漢族中原地區，是憑藉其強大的軍事實力，通過武力征服這一手段來實現的。」

所謂上馬**能作戰**，

王仲犖《魏晉南北朝史》：「鮮卑族之所以能夠統治中原，就是因為鮮卑人勇悍善戰，馬背上的生活方式和戰鬥方式的一致。」

下馬**放牛羊**。

朱紹侯《中國古代史》：「（北魏）受到鮮卑拓跋部長期塞外生活的影響，畜牧生產在經濟生活中仍佔有較大比重。無數農田被圈佔為牧場……」

戰鬥力雖然**彪悍**，

就是**抗天災**能力**弱**了點……

逯耀東《從平城到洛陽》：「（北魏）農業的生產還不能達到維持人民生活的水準，因此遇到對外征戰與天災的時候，就有缺糧或荒饉的現象發生。」

游牧經濟的**不穩定**，

意味著北魏必須**轉型**為**農業**經濟。

王仲犖《魏晉南北朝史》：「鮮卑族拓跋氏的政權……必須放棄過去以農業、畜牧業並重的一種塞上的生產方法，而使經濟生活全部農業化，同時還必須放棄『馬背中、領上生活』，而使生活方式全部漢化。」

於是乎，宏喵決定繼續**深化改革**。

白壽彝《中國通史》：「孝文帝繼承太后遺志，重用漢族士人，在各方面進一步實施改革，全盤推行漢化。」

這第一步便是**遷都洛陽**。

朱紹侯《中國古代史》：「公元四九〇年，馮太后死，孝文帝親政。繼續進行改革，他主要辦了兩件大事。第一件是把都城從平城遷到洛陽……」

要學習**漢文明**，
自然要去漢族的**政治文化中心**。

王仲犖《魏晉南北朝史》：「洛陽是漢、魏、西晉的故都……洛陽究竟是中原政治與文化的中心地區，孝文帝既已遷都塞內，必須以華夏文化的繼承者自期，自以定都洛陽為宜。」

可**搬遷**這個決定卻**受到了**很大的**反對**。

很多**舊貴族**死都**不肯走**。

逯耀東《從平城到洛陽》：「北方的保守勢力，對他所作的改革有一種難以排除的壓力……他們認為一旦脫離自己的文化中心南遷，黃河流域的氣候比較熱，拓跋氏部人不服水土，最後的死亡率一定很高。」

既然這樣，宏喵**換了種辦法**。

他讓不願意走的就**留著**，

逯耀東《從平城到洛陽》：「在這些舊勢力鉗制下，既然無法展開既定的改革計畫，擺脫這種約束最好的辦法，就是離開他們。」

但隨後便宣佈**南征**，

逯耀東《從平城到洛陽》：「（北魏）太和十八年（四九四年）十月，拓跋宏以南伐為名，率領他的遷都集團，離開平城向洛陽進發。」

呼啦呼啦地就拉了**三十萬**大軍**往南走**！

《資治通鑑．卷一百四十》：「己亥（四九五年），魏主濟淮；二月，至壽陽，眾號三十萬，鐵騎彌望。」

一路上**風吹雨打，日曬雨淋**……

白壽彝《中國通史》：「時值深秋，陰雨連綿……」

等走到洛陽時，

全體大軍已經**累到崩潰**……

白壽彝《中國通史》：「在洛陽稍事休整後，（孝文帝）又詔令六軍繼續南進……群臣們經長途行軍跋涉，疲憊不堪，都不願冒雨繼續前進……」

這樣的情況下，

大家紛紛向宏喵**請求停止行軍。**

白壽彝《中國通史》：「（群臣們）於是紛紛跪於御馬之前，磕頭泣諫，請停南伐。」

可**宏喵**很**堅定**！

累什麼！
老子就是
要打！

白壽彝《中國通史》：「孝文帝大怒道：『我方要經營天下，統一全國……若再胡言，當以軍法從事。』」

被逼到不行的**群臣**只能**大喊**……

去打仗還不如
就在這裡落脚呢!!

白壽彝《中國通史》：「南安王楨等人見勢不妙，趕緊進言道：『古人說「成大功者不謀於眾」。今陛下若停南伐之謀，遷都洛陽，這才是臣等的願望、百姓們的一大喜事啊！』群臣齊呼：『萬歲！』」

就這樣……**遷都完成了**！

啊?!
你們說的哦！

白壽彝《中國通史》：「當時許多鮮卑大臣雖不願內遷，但更畏懼南伐，故只得相從，不敢再提出異議，遂定遷都大計。」

在宏喵**強硬**的態度下，
北魏的其他**喵民**也**陸續遷移**到洛陽。

白壽彝《中國通史》：「隨著遷都的進行，大批鮮卑人源源不斷地湧入內地……」

當然，**除了**一些**老頑固**外……

逯耀東《從平城到洛陽》：「拓跋宏率領遷都集團離開平城後，留在北方的保守勢力變得更頑強。」

而**遷都**的**「勝利」**也給了宏喵更大的**信心**。

他開始實行**「全面漢化」！**

白壽彝《中國通史》：
「遷洛之後，孝文帝立即著手改革鮮卑舊俗，全面推行漢化。」

胡服，

一律**改穿漢服。**

白壽彝《中國通史》：
「（孝文帝）下詔禁止士民穿胡服，規定鮮卑人和北方其他少數族人一律改穿漢人服裝，朝廷百官改著漢族官吏朝服。」

鮮卑語，

一律**改成漢語**。

朱紹侯《中國古代史》：「（孝文帝）規定漢語為『正音』，鮮卑語為『北語』，下令『斷北語，一從正音』。」

30歲以下官員要是敢講**鮮卑語**，
直接**滾蛋**！

朱紹侯《中國古代史》：「朝廷上有說北語者免官。在具體實行上，因為三十歲以上的不能一下改變，尚不強求；三十歲以下的，在朝廷上必須用漢語講話。」

鮮卑喵的**姓**，

朱紹侯《中國古代史》：「鮮卑人多是二三字的複姓，如拓跋、獨孤、步六孤等，姓氏與漢人不同。」

也全部**改成漢姓**。

《資治通鑑．卷一百四十》：「（孝文帝）於是始改拔拔氏為長孫氏，達奚氏為奚氏，乙旃氏為叔孫氏，丘穆陵氏為穆氏，步六孤氏為陸氏，賀賴氏為賀氏，獨孤氏為劉氏，賀樓氏為樓氏，勿忸于氏為于氏，尉遲氏為尉氏；其餘所改，不可勝紀。」

他**自己**就率先從**「拓跋宏」**
改叫**「元宏」**，

《資治通鑑．卷一百四十》：
「魏主下詔，以為：『北人謂土為拓，後為跋。魏之先出於黃帝，以土德王，故為拓跋氏。夫土者，黃口之色，萬物之元也；宜改姓元氏……』」

甚至頒佈詔令，
鮮卑族死了都必須**葬在這裡**……

白壽彝《中國通史》：
「孝文帝又發佈詔令，規定遷到洛陽的鮮卑人，死後要葬在河南，不得還葬平城。」

作為一個**改革者**，
宏喵用強硬的手段**深化**了**胡漢**的**大融合**。

王仲犖《魏晉南北朝史》：
「（孝文帝）改革措施……為鮮卑族和漢族人的進一步融合，創造了有利條件。」

經過全面**漢化**，
漢文明逐漸**承認**了北魏的**正統性**。

《講談社．中國的歷史05．中華的崩潰與擴大：魏晉南北朝史》：「北魏作為正統王朝也逐漸得到漢人的認同，被稱為『北朝』。」

北方**民族**之間的**矛盾**得到**緩解**，

白壽彝《中國通史》：「孝文帝漢化政策的實施，使鮮卑貴族在新的基礎上與其統治區內的漢族地主取得一定程度的協調，也使之與一般漢族百姓的矛盾趨向緩和。」

而**漢化**過後的**北魏**也獲得了**提升**。

農業經濟得到**發展**，

朱紹侯《中國古代史》：
「北魏的農業有較大的發展。到太和十四年（四九〇年）時，關中大旱，而高閭上疏說：『一歲不收，未為大損』，可見已有一定的儲備。到孝文帝末年，已經是『公私豐贍，雖時有水旱，不為患也』。」

喵咪**數量大增**，

唐長孺《魏晉南北朝隋唐史講義》：
「這一時期北魏所控制的戶口大大增加，大約比西晉統一時期增加一倍。西晉有二百四十五萬戶，北魏改革後有五百萬戶。」

國家**稅收**大幅**上漲**。

唐長孺《魏晉南北朝隋唐史講義》：
「（北魏）國家所直接控制的人口大量增加，因而使國庫的收入增加，國家的實力增強……」

孝文帝的改革是**西晉以來，**
各**游牧**民族與**漢**民族之間
鬥爭和融合的一次**總結。**

它以**法律**的形式**肯定了**
各民族融合的成果。

朱紹侯《中國古代史》：
「孝文帝改制是西、北各族陸續進入中原後民族鬥爭、融合的一次總結。它以法律的形式肯定了各族融合的成果，反過來又促進了以鮮卑族為中心的北方各族的封建化和以漢族為主體的民族大融合的發展。」

然而，隨著國家中心的**南遷，**

白壽彝《中國通史》：「孝文帝改革後，北魏社會經濟有了發展，新都洛陽繁榮起來。」

原本留在北方的鮮卑**舊族**地位開始**下降。**

唐長孺《魏晉南北朝隋唐史講義》：「孝文帝的改革也有其壞的作用……住在北方邊境的拓跋部和各族人民更為貧困。洛陽的貴族與北部邊境的拓跋部統治者之間，和北方邊境拓跋部和各族人民之間都有很大的距離。」

特別是鎮守**邊境**的**貴族**們，

白壽彝《中國通史》：「六鎮是北魏的軍事要塞……北魏原來一直以平城為國都……六鎮將領，乃至一般士兵，身份都是比較高貴的……然而，在遷都洛陽之後，平城不復為國都，六鎮也失去軍事上的意義，將兵地位一落千丈……」

他們**失去**了原有的一切**光榮**。

白壽彝《中國通史》：「他們遠在漠北，少有接觸漢文化的可能，與南遷的鮮卑貴族在文化上形成差距，心理上形成隔膜，經濟地位上也處於劣勢。」

在這樣的**不平衡**之下，
一條撕裂北魏的**導火線埋下**了。

唐長孺《魏晉南北朝隋唐史講義》：「邊防軍的拓跋族人與洛陽的鮮卑貴族同族，而兩者的地位卻異常懸殊，因而引起不滿。」

（且聽下回分解。）

編者按

孝文帝身為鮮卑族出身的皇帝，為何選擇了改革、大力推行漢文化？根本原因自然是為了鞏固統治發展國家。而他之所以能成功，其實和北魏環境變化有著密不可分的關係。其實自建國以來，北魏就不斷加深與漢文化的接觸，制度上學習漢族王朝中央集權，經濟上努力鼓動農業發展，文化上尊崇儒家、重視周禮。這些舉措，至孝文帝時已推進百年，漢文化總體在社會上得到了認可。而孝文帝以及他同齡的年輕族人自小耳濡目染，都接受深刻的漢學教育長大。浸潤在這樣的社會環境與成長氛圍中，孝文帝對鮮卑文化的「執念」不深，也能更客觀地看待漢文化。在這樣的背景下，他最終毅然踏出改革的步伐。

拓跋宏——豆花（飾）

參考來源：《魏書》、《資治通鑒》、《講談社 · 中國的歷史 05 · 中華的崩潰與擴大：魏晉南北朝史》、白壽彝《中國通史》、傅樂成《中國通史》、朱紹侯《中國古代史》、王仲舉《魏晉南北朝史》、逯耀東《從平城到洛陽》、軍事科學院《中國軍事通史》、唐長孺《魏晉南北朝隋唐史講義》

【文武雙全】

孝文帝「武」能親率大軍南征，
打得南朝節節敗退；
「文」能親自擬定禮儀、
法律條款等等，還寫得特別好。

【新都洛陽】

孝文帝遷都洛陽，
隨著北魏興盛，
洛陽也更加發達，
「百國千城」的商旅絡繹不絕，
堪稱國際化大都市。

【錯都在我】

孝文帝喜歡寫「罪己詔」。
旱災導致收成不好了，是他的錯；
發洪水了，是上天在懲罰他，
立刻開倉放糧救濟百姓。

百群喵檔案

豆花小劇場

《才藝 1》

《才藝 2》

豆花

天秤座

生日：10 月 16 日

身高：165 公分

喜歡的學科：歷史

（豆花擬人介紹）

豆花的遊戲空間

Douhua's Game Zone

第七十五回◉北魏分裂

六鎮，

是**鎮守北魏邊疆**的地區。

王仲犖《魏晉南北朝史》：「北魏初都平城，為了拱衛首都，不受北方遊牧人柔然族之威脅，乃在平城沿北邊置六個軍事據點，這就是六鎮。」

六鎮**喵民**不僅**福利好，**

《北史．列傳第四》：「昔皇始以移防為重，盛簡親賢，擁麾作鎮，配以高門子弟，以死防遏。不但不廢仕宦，至乃偏得復除。當時人物，忻慕為之。」

而且充滿**榮譽感。**

白壽彝《中國通史》：「六鎮將領，乃至一般士兵，身份都是比較高貴的，在六鎮作兵是光榮的。」

然而隨著孝文帝**漢化改革**，

首都南遷至**洛陽**，

白壽彝《中國通史》：「然而，在遷都洛陽之後，平城不復為國都，六鎮也失去軍事上的意義。」

六鎮的喵民們便**失去**了昔日的**榮光**。

白壽彝《中國通史》：「氏族部落成員當兵是義務也是權利，拓跋氏封建化後，兵戶身份低人一等。加上漢化後的北魏政府受到漢制度的影響，常常把犯罪的人發配六鎮為兵，更使六鎮兵民的處境不佳。」

更糟糕的是，

洛陽通過**遷都**發展**越來越好**。

白壽彝《中國通史》：

「孝文帝改革後，北魏社會經濟有了發展，新都洛陽繁榮起來……到孝文帝的第三代繼承者孝明帝時，史稱其『魏累世強威，東夷西域，貢獻不絕。又立互市以致南貨。至是府庫盈溢』。」

而六鎮……則還是**老樣子**……

白壽彝《中國通史》：

「他們（六鎮）遠在漠北，少有接觸漢文化的可能，與南遷的鮮卑貴族在文化上形成差距，心理上形成隔膜……」

在這樣的**不平衡**下，

軍事科學院《中國軍事通史》：

「北魏的遷都……造成了鮮卑內部南遷洛陽者，同鎮守北方六鎮者之間政治地位和物質待遇上的差異。」

暴動發生了！

軍事科學院《中國軍事通史》：
「隨著戍守北疆六鎮士卒的貧困，六鎮成為北魏後期各種社會矛盾集中的地區……魏末各族人民反抗北魏殘酷剝削的大起義，終於在六鎮地區首先爆發了。」

這就是歷史上的**「六鎮起義」！**

朱紹侯《中國古代史》：
「五二三年，沃野鎮高闕戍主虐待部下，匈奴人破六韓拔陵率眾殺了戍主，北方邊鎮起義爆發了……至次年六鎮盡為起義軍所佔領。」
白壽彝《中國通史》：
「建義元年，義軍首領葛榮率軍圍鄴，眾號百萬……」

雖然在後來的發展中，
暴動被逐漸**平定**，

唐長孺《魏晉南北朝隋唐史講義》：
「以爾朱榮為首的統治集團於公元五二八—五三一年期間……鎮壓了起義。」

但鎮壓叛亂的**將領們**

卻變成了**威脅中央**的**軍事力量**。

白壽彝《中國通史》：「在北方各族人民大起義的沉重打擊下，北魏皇朝徒具形式，實權落到了靠鎮壓起義起家的爾朱榮手中……」

這之中有兩個喵最為**突出**，

白壽彝《中國通史》：「在爾朱榮的勢力衰亡之後，北方又出現了兩個掌握大權的人物。」

一個是漢族的**高歡喵**，

白壽彝《中國通史》：「高歡是漢人，因累世在北方邊鎮生活，『故習其俗，遂同鮮卑』。」

一個則是鮮卑族的**宇文泰喵**。

白壽彝《中國通史》：

「宇文泰（五〇七—五五六年），字黑獺，代郡武川（今內蒙古武川西）人，鮮卑族屬……」

這兩個喵**原本**都是**起義軍**那邊的，

後來卻都跟上**同一個老大**，

轉頭幫著朝廷**平叛**。

唐長孺《魏晉南北朝隋唐史講義》：

「（高歡）叛變義軍，投降爾朱榮，並跟隨爾朱榮鎮壓起義。」

朱紹侯《中國古代史》：

「宇文泰，曾在葛榮部下任職，葛榮失敗後又歸爾朱榮……鎮壓關中人民起義。」

可惜他們老大雖然**權傾朝野**，

軍事科學院《中國軍事通史》：「爾朱榮憑藉其強大的騎兵，撲滅了各地起義軍，爾朱氏勢力得到迅速發展。」

卻跟朝廷**不同心**。

唐長孺《魏晉南北朝隋唐史講義》：「然而爾朱榮並不是忠於北魏朝廷，他的真正目的既是為了撲滅起義火焰，也是為了乘機擴大自己的勢力，奪取政權。」

經過一番**爭鬥**，

朱紹侯《中國古代史》：「爾朱榮專橫跋扈，並陰謀攫奪北魏政權，因此與孝莊帝之間的矛盾日益尖銳。」

他跟他擁立的皇帝雙雙**「狗帶」**……

朱紹侯《中國古代史》：
「五三〇年，孝莊帝乘爾朱榮朝見的機會，親手將其殺死。爾朱榮的侄子爾朱兆由並州出兵洛陽，殺孝莊帝。」

一時間，整個**北魏**竟成了**權力真空**狀態。

於是乎，**高歡**喵和**宇文泰**喵趁機**自立門戶**。

白壽彝《中國通史》：
「（五三一年）高歡在河北立足已穩，遂與爾朱氏徹底決裂。」
軍事科學院《中國軍事通史》：
「在高歡割據河北、山東的同時，出身於六鎮武川豪強，也曾參加魏末起義軍又投靠爾朱榮的宇文泰，憑藉武川豪強酋帥割據關隴地區。」

宇文泰喵去了**關中**地區，

白壽彝《中國通史》：

「宇文泰平定秦、隴後，實力增強……為侍中、驃騎大將軍、開府儀同三司，關西大都督，略陽縣公，承制封拜……」

而**高歡**喵則通過**武力**控制了**北魏政權**。

白壽彝《中國通史》：

「爾朱氏各派勢力很快被高歡消滅了……高歡自為大丞相、天柱大將軍、太師等職，把北魏政府的實權牢牢地抓在自己手裡。」

甚至**扶持**了一個**小皇帝**……

白壽彝《中國通史》：

「高歡進入洛陽，廢殺爾朱氏擁立的節閔帝元恭及原來的傀儡元朗（只因他是魏宗室的疏屬），另立元修（脩）為皇帝，是為北魏孝武帝。」

這時的北魏，
雖然**名義上**還是**元**（拓跋）**氏**的。

但一切……卻**輪不到**小皇帝做主。

白壽彝《中國通史》：「高歡實際上控制了朝政，他專橫拔扈，很快與孝武帝發生矛盾。」

實在是**不爽**啊……

軍事科學院《中國軍事通史》：「元修（脩）不甘心自己的傀儡地位，與高歡的關係日益緊張。」

所以小皇帝宣佈**討伐高歡**喵。

白壽彝《中國通史》：
「（北魏）永熙三年（五三四）五月，魏孝武帝下詔調發河南諸州兵，聲言要親自進攻南方的蕭梁王朝，而實際上是想突襲晉陽，搞掉高歡。」

但是……很快就**失敗了**……

白壽彝《中國通史》：
「高歡識破孝武帝的用心，立即調集二十四萬大軍，聲稱應詔南討，分兵四路，大舉南下。七月，高歡引軍渡河，迫使孝武帝丟棄洛陽……」

於是他乾脆掉頭**投靠另一個**喵，

這就是去了關中地區的**宇文泰**喵。

軍事科學院《中國軍事通史》：「元修（脩）見大勢已去，西逃入關投靠宇文泰。」

有了皇帝的**加持**，

宇文泰喵瞬間**實力大增**。

白壽彝《中國通史》：「從此……高歡與宇文泰皆居相位，軍國大事總屬相府，成為實際的統治者……」

大家都知道**「挾天子以令諸侯」**的道理，

工具喵

天子跑到了宇文泰喵**那邊去**，

高歡喵就**尷尬**了……

> 白壽彝《中國通史》：
> 「孝武帝的西走，也使高歡失去了政治資本。他前後寫過四十多封信件，請求孝武帝東還，均遭拒絕。」

無奈之下，

他索性**重新**扶持了一個皇帝。

> 白壽彝《中國通史》：
> 「高歡改立年僅十一歲的元善見為帝，是為魏孝靜帝。」

而**投靠**了宇文泰喵的**小皇帝**呢，

白壽彝《中國通史》：
「（孝武帝）欲結援宇文泰，借泰之力量擊歡……」

名義上是皇帝，

可一切……
還是**輪不到**他做主……

白壽彝《中國通史》：
「（孝武帝）及徙都長安，政由泰出，仍受制於人……」

時間久了，
宇文泰喵見他不僅**沒什麼用**，
還嘰嘰歪歪……

白壽彝《中國通史》：
「（孝武帝）心中不悅，與宇文泰漸生嫌隙，不滿之情溢於言表。」

反手就給他發了個**「便當」**，

白壽彝《中國通史》：
「（北魏）永熙三年（五三四）十二月，宇文泰以毒酒害死孝武帝……」

然後**也扶持**了一個皇帝。

白壽彝《中國通史》：
「（宇文泰）公元五三五年另立孝文帝之孫元寶炬為帝……」

這下可好，兩邊都擁有**武裝力量**，

白壽彝《中國通史》：「宇文泰為太師、太塚宰，掌握著軍政大權……」「他（高歡）居千晉陽，遙控鄴地朝廷。『軍國政務，皆歸相府』。」

而且兩邊都說自己的皇帝是**「正版」**……

北魏從此**分裂**開來，

傅樂成《中國通史》：「至此魏正式分裂為東西兩國，兩國政權，也分別落入高氏和宇文氏的掌握。」

高歡喵那邊叫**東魏**，

軍事科學院《中國軍事通史》：

「公元五三四年……高歡改立魏宗室元善見為帝，並遷都於鄴，史稱東魏。」

宇文泰喵那邊則叫**西魏**。

軍事科學院《中國軍事通史》：

「宇文泰鴆殺元修（脩）……次年（五三五年），改年號為大統元年，史稱西魏。」

元（拓拔）**氏**皇帝成為兩家的**政治傀儡**，

白壽彝《中國通史》：

「（高歡和宇文泰）成為實際的統治者，元氏皇帝不過是傀儡而已。」

直到**二十多年後**才被高家和宇文家**取代**，

這就是**北齊和北周**。

朱紹侯《中國古代史》：
「東、西魏沒有維持多久。五五〇年，高歡的兒子高洋廢掉東魏，建立北齊。五五七年，宇文泰的兒子宇文覺也廢掉西魏，建立北周。形成了周、齊對立的局面。」

為了消滅對方，
北齊和北周**持續爭鬥**了多年。

王仲犖《魏晉南北朝史》：
「（北齊和北周）這兩個割據的王朝，都企圖吞併對方，不斷發生戰爭。」

最終**北周**獲得勝利，
正式統一北方。

軍事科學院《中國軍事通史》：「（北周）建德六年（五七七年），周武帝出兵滅亡日益衰落的北齊，統一了北方黃河流域與長江上游廣大地區。」

經歷了北魏到北周的**巨變，**
北方**民族大融合**已經基本**完成。**

唐長孺《魏晉南北朝隋唐史講義》：「到了南北朝後期，特別是經過了六鎮起義以後，北方民族的融合已經成熟了。」

烈火錘煉出**北周**這樣**胡漢結合**的政權。

白壽彝《中國通史》：「（宇文泰）把魏末六鎮起義看作是鮮卑人對漢化的反抗。但是他也看到，不漢化也是沒有出路的。他採取的辦法是：軍事，鮮卑化；政治，漢化……平衡調節漢和鮮卑兩族……」

然而，當北周沉浸在**統一北方**的喜悅中時……

一個**外戚**即將登上歷史舞臺。

白壽彝《中國通史》：
「公元五七八年，一代英主北周武帝病故，兒子宇文贇繼位，是為宣帝……他恣情享樂無度，不久就得病死了……周宣帝的兒子，八歲的周靜帝，年幼……北周的大權就落到了宣帝皇后楊氏之父……的手裡。」

他是誰呢？

《隋書．帝紀第一》：
「……諱堅，弘農郡華陰人也。」

（且聽下回分解。）

編者按

北魏自三八六年第一代首領拓跋珪稱帝，到五三四年分裂成東魏、西魏，歷經一百四十八年。自統一黃河流域起到最終分裂，北魏政權給北方帶來了將近一個世紀的穩定和平，讓百姓得以安居樂業。最重要的是，北魏在政策上還一直致力於各民族和諧共處，促進了民族文化的融合，對多民族國家的形成具有里程碑式的意義。然而，孝文帝後的北魏皇帝大多軟弱無能，隨著新都洛陽的繁盛，統治集團內奢侈之風興起，北魏中央日漸腐敗。而邊境的窮困卻無人理會，人民不堪重負，最終使北魏走向分裂的命運。儘管抱憾收場，但毫無疑問北魏在歷史發展中的地位及對其的影響是無法磨滅的。

高歡——饅頭（飾）　　宇文泰——麻花（飾）

參考來源：《北史》、《隋書》、白壽彝《中國通史》、朱紹侯《中國古代史》、王仲犖《魏晉南北朝史》、軍事科學院《中國軍事通史》、唐長孺《魏晉南北朝隋唐史講義》、傅樂成《中國通史》

【刷馬晉級】

高歡其實是靠刷馬上位的。
當時老闆家有匹喜歡踹人的馬，
只有高歡刷毛時才老實，
老闆認為這說明高歡很不一般，
就提拔了他。

【暗中發功】

宇文泰其實暗地裡
對北魏的皇帝多次表達忠心，
還說了不少高歡的壞話，
最終才讓北魏皇帝無條件信任他
並主動「投懷送抱」。

【老婆真好】

高歡早年的時候非常窮，
一直等到娶上了有錢的老婆，
才有機會買馬去參軍，
正式開啟他的政治生涯。

百群喵檔案

饅頭小劇場

《分析問題》

《分享》

饅頭

天蠍座

生日：10 月 31 日

身高：168 公分

喜歡的學科：音樂

（饅頭擬人介紹）

饅頭的遊戲空間

Mantou's Game Zone

第七十六回◉楊氏建隋

隨著**北魏**的**分裂**，

軍事科學院《中國軍事通史》：「自北魏孝武帝永熙三年（五三四年）始，北魏王朝分裂。」

北齊和**北周**開始了長達幾十年的**爭鬥**。

王仲犖《魏晉南北朝史》：「（北齊和北周）這兩個割據的王朝，都企圖吞併對方，不斷發生戰爭。」

最終**北周**獲得**勝利**，

軍事科學院《中國軍事通史》：「（北周）建德六年（五七七年），周武帝出兵滅亡北齊……」

宇文家成為了新的**北方之主**。

軍事科學院《中國軍事通史》：
「……結束了周、齊對峙的局面，重新統一了中國北方。」

然而還沒來得及歡喜……

一個喵的出現便**終結**了**北周**的統治。

軍事科學院《中國軍事通史》：
「在不到一年的時間裡，他就完全奪取了北周的政權。」

他，正是**楊堅喵！**

《隋書．帝紀第一》：
「高祖文皇帝，姓楊氏，諱堅，弘農郡華陰人也。」

楊堅喵是含著金湯匙出生的**「官N代」**，

祖上從**東漢**起就開始做官，

《隋書．帝紀第一》：
「漢太尉震八代孫鉉，仕燕為北平太守。鉉生元壽，後魏代為武川鎮司馬，子孫因家焉。」

一直到**他爹**為止，
都還是**北周**的**開國大將**。

《隋書．帝紀第一》：
「（楊）忠即皇考也。皇考從周太祖起義關西，賜姓普六茹氏，位至柱國、大司空、隋國公。」

所以，他**當官**就像**坐火箭**一樣，

十四歲入職長安**「市政府」**，

《隋書．帝紀第一》：
「（楊堅）年十四，京兆尹薛善辟為功曹。」

十五歲當上**大將軍，**

《隋書．帝紀第一》：
「十五，以太祖勳授散騎常侍、車騎大將軍……」

三十多歲時就已經是軍隊**「一把手」**了。

《隋書．帝紀第一》：
「明年（五七六年），從帝平齊，進位柱國。」

不過楊堅喵倒**不是**那種**靠祖宗**的二世祖。

他不但**能打仗**，

《隋書．帝紀第一》：「建德中，率水軍三萬，破齊師於河橋。」

還懂得**愛護百姓**，

《隋書．帝紀第二》：「吏治得失，人間疾苦，無不留意。嘗遇關中饑，遣左右視百姓所食。」

簡直**優秀**得不行！

《隋書．帝紀第二》：「上性嚴重，有威容，外質木而內明敏，有大略……賞賜有功，亦無所愛吝……路逢上表者，則駐馬親自臨問。」

然而「魅力」**太出眾**，
也會**招來壞處**。

魅力

《講談社．中國的歷史06．絢爛的世界帝國：隋唐時代》：
「正因為如此，楊堅遭到了宇文氏一部分人的警惕和嫉恨。」
《隋書．帝紀第一》：
「宇文護執政，尤忌高祖，屢將害焉……」

當時就有很多**大臣**
覺得他**日後**必定是個**禍害**。

這個可惡的帥哥！
他太有魅力了，不可饒恕！
日後一定會反！
要小心他！
哪有帥哥不鬧事？

這樣的輿論……
確實**很危險**呀……

韓昇《隋文帝傳》：
「楊堅為元勳後代，且在第二代子弟中頗具影響，因此，很快引起武帝身邊重臣的警覺……如此隱隱生威的實力人物，將來誰能駕馭得了他？」

楊堅喵只能**收斂**自己，
處處謹小慎微……

《隋書．帝紀第一》：
「高祖甚懼，深自晦匿。」

可是命運有時就是這麼**奇怪**，

北周三代皇帝不僅**沒弄掉**他，
還不斷地給他**「神助攻」**。

周武帝在位時，

武
帝

《隋書．帝紀第一》：
「武帝即位，（楊堅）遷左小宮伯。出為隋州刺史，進位大將軍。」

雖然**猜忌**過他，

啊?!
陛下！這傢伙盛世美顏，絕不是好東西！

《資治通鑒．卷一百七十二》：
「周主待堅素厚，齊王憲言於帝曰：『普六茹堅，相貌非常，臣每見之，不覺自失。恐非人下，請早除之！』帝亦疑之，以問來和。和詭對曰：『隨公止是守節人，可鎮一方。若為將領，陳無不破。』」

最後卻**選擇支持他**。

呃……
你不會的對吧……

《隋書．帝紀第一》：
「（後）內史王軌驟言於帝曰：『皇太子非社稷主，普六茹堅貌有反相。』帝不悅，曰：『必天命有在，將若之何！』」

等到**周宣帝**繼位，

軍事科學院《中國軍事通史》：「（北周）宣政元年（五七八年）武帝宇文邕病死，其長子宇文贇即位，是為宣帝。」

這傢伙是個**昏君**，

軍事科學院《中國軍事通史》：「年僅二十歲的周宣帝卻是一個『善無小而必棄，惡無大而弗為』的昏庸暴君。」

上來就**幹掉**了自己兩個**忠臣**，

軍事科學院《中國軍事通史》：「他即帝伊始，就將『智勇冠世，攻戰如神』的齊王宇文憲殺死，其後又將武帝重臣王軌……殺死。」

還**娶了**楊堅喵的**女兒**當皇后，

《周書．帝紀第七》：
「宣政元年六月丁酉，高祖崩。戊戌，皇太子即皇帝位……立妃楊氏為皇后。」

讓他以**「老丈人」**的身份進入**權力中心。**

軍事科學院《中國軍事通史》：
「其女兒是宣帝皇后，因此楊堅又是北周的國丈。」
《隋書．帝紀第一》：
「宣帝即位，以後父征拜上柱國、大司馬。大象初，遷大後丞、右司武，俄轉大前疑。」

雖然**周宣帝**也**警惕**楊堅喵，

《隋書．帝紀第一》：
「高祖位望益隆，帝頗以為忌。」

可沒來得及動手，

《隋書．帝紀第一》：「帝每忿怒，謂后曰：『必族滅爾家！』因召高祖，命左右曰：『若色動，即殺之。』高祖既至，容色自若，乃止。」

就先「掛」了，

《隋書．帝紀第一》：「（北周）大象二年（五八〇年）五月，以高祖為揚州總管，將發，暴有足疾，不果行。乙未，帝崩。」

還很「體貼」地留下一個小皇帝……

《隋書．帝紀第一》：「（宣）帝崩。時靜帝幼沖……」

簡直是**「服務周到」**啊……

於是乎，

楊堅喵便以**外戚**的身份**入朝輔政，**

王仲舉《隋唐五代史》：「楊堅以宣帝后父的地位，連絡典掌機密的近臣漢世族地主鄭譯、劉昉等，假稱受遺詔輔政。」

開始一步步**蠶食北周**政權。

王仲舉《隋唐五代史》：「堅自為大丞相。都督內外諸軍事。至此，北周的國家最高權力，實際已經落入楊堅手中。」

這小皇帝只有**八歲**，

王仲犖《隋唐五代史》：「宣帝子靜帝宇文闡繼位，年僅八歲。」

自然**不是**他的**對手**。

《隋書．帝紀第一》：「（靜帝）未能親理政事。」

但**北周**當時卻有很多**封國**，

《資治通鑑．卷一百七十三》：「（北周）以襄國郡為趙國，濟南郡為陳國，武當、安富二郡為越國，上黨郡為代國，新野郡為滕國，邑各萬戶……」

也就是說小皇帝有很多**「親戚王」**。

《資治通鑑·卷一百七十三》：「令趙王招、陳王純、越王盛、代王達、滕王逌並之國。」

這些傢伙就**不好對付**了。

白壽彝《中國通史》：「（楊堅）怕周室諸王發動兵變……」

怎麼辦呢？

楊堅喵實施了一條**「奸計」**，

軍事科學院《中國軍事通史》：「楊堅入總朝政以後，為了鞏固既得的軍政大權，採取了……重大措施。」

他先是用**藉口**

把**「親戚王」**們通通叫**來首都**做客，

朱紹侯《中國古代史》：「為了防備在封國的北周宗室反抗，便藉口趙王宇文招將嫁女突厥，把他們都召到長安，以便控制。」

等「親戚王」們一到皇都，

就**切斷**他們與各自**封地**的**聯繫**。

韓昇《隋文帝傳》：「自從進入京城那時起，他們（諸侯王）就已經處於嚴密的監視之中。」

這讓諸王的**小弟**們很緊張呀，

訊號沒了?!
老大！怎麼回事啊？回話啊！
啊？

於是紛紛**起兵造反**！

白壽彝《中國通史》：「這時反對楊堅集團的地方勢力，以相州總管尉遲迥為首，立即發動了武裝對抗。鄖州總管司馬消難、益州總管王謙相繼起兵回應。尉遲迥以北周重臣，據形勝之地，眾至數十萬。」

衝啊！救老大去！
啊！

這一造反，楊堅的**計謀**就**得逞**了……

韓昇《隋文帝傳》：「（楊堅）把一切罪過都扣在五王頭上，將他們耍弄於掌中，再各個擊破。」

各「親戚王」迅速被**以謀反罪**，
逐一**擊殺**！

王仲犖《隋唐五代史》：
「楊堅終於利用了關中的府兵，派兵遣將，擊滅了尉遲迥和王謙。」
白壽彝《中國通史》：
「接著便以謀反的罪名，先後殺掉了北周宗室畢王宇文賢、趙王宇文招、越王宇文盛、陳王宇文純、代王宇文達、滕王宇文逌等……」

就這樣，北周**皇室**被**消滅**殆盡了。

王仲犖《隋唐五代史》：
「（楊堅）盡滅宇文氏之族，完全控制住全國政治局勢。」

歷時二十四年的**北周**皇朝，
被一個**新的政權**所**取代**。

白壽彝《中國通史》：
「楊堅就感到自己的地位已經鞏固……又殺周靜帝，歷時二十四年的北周退出歷史舞臺了。」

這就是楊堅喵開創的——**隋**。

白壽彝《中國通史》：
「（北周）大定元年（五八一）二月……經過一番『禪讓』之後，（楊堅）便正式做了皇帝，國號隋，改元開皇，定都長安。歷史上稱他為隋文帝。」

隋朝的建立，
標誌著北方三百多年**胡族政權**的**結束**。

《隋書．帝紀第二》：
「自昔晉室播遷，天下喪亂，四海不一，以至周、齊，戰爭相尋，年將三百……」
韓昇《隋文帝傳》：
「在中原大地上，自西晉末年匈奴劉淵建立第一個少數民族政權時起，經過幾百年的動亂，重新出現以漢族為主體的多民族國家。」

華夏大地又回到了**漢家天子**的天下。

白壽彝《中國通史》：
「從此，隋文帝便以漢人天子取代了長期統治北中國的胡人政權。」

然而，
此時的**南方**
同樣存在著一個**漢族政權**。

白壽彝《中國通史》：「與此同時，南朝卻處於日暮途窮之中。」

楊堅喵的**下一步將如何走**呢？

《隋書．列傳第十七》：「高祖潛有吞併江南之志……」

（且聽下回分解。）

編者按

縱觀歷史，每一次改朝換代，無論是通過起義與兵變，還是平穩「禪讓」，都難免經歷一場漫長的紛爭。可楊堅自輔政到建立隋朝只不過一年時間，難怪清代史學家趙翼發出「古來得天下之易，未有如隋文帝者」的感嘆。為何楊堅的稱帝之路如此順遂？學界其實並無定論，較主流的觀點認為，這與北周的政治結構調整有關。北周創始之初，立下戰功的元勳們被封為「八柱國、十二大將軍」，組成權力核心，楊家也是其中之一。可後來二十個家族權勢過大，北周皇帝為中央集權，便對其進行強力打壓，迫使各家族走向了皇權的對立面。楊堅正是趁此機會，又借「國丈」的身份之便，極力籠絡各家支持自己，形成了龐大的政治集團，最終輕而易舉地推翻北周，建立了隋朝。

楊堅——年糕（飾）

參考來源：《隋書》、《周書》、《資治通鑒》、《講談社 · 中國的歷史 06 · 絢爛的世界帝國：隋唐時代》、韓昇《隋文帝傳》、白壽彝《中國通史》、王仲犖《魏晉南北朝史》及《隋唐五代史》、朱紹侯《中國古代史》、軍事科學院《中國軍事通史》

附錄

【模範夫妻】

楊堅和老婆獨孤皇后非常恩愛，
兩人常一起上朝，
共同商討政事，
因為他們這樣攜手治理國家，
還被當時的人稱為「二聖」。

【與佛有緣】

楊堅出生時房間裡充滿紫氣，
據說他身上有龍鱗，
有個尼姑說他不能和
普通人一起長大，
便把他接進寺廟養到了13歲。

【「面癱」皇帝】

楊堅其實是個「面癱」，
《隋書》記載他總是一臉深沉，
不輕易外露情緒，
搞得上學的時候，
同學都不敢和他開玩笑。

群喵檔案

年糕小劇場

《記住了》

時間差不多了，我要走了……
嗯，我等你回來。
麻花！
千萬別忘了我們講過的……
数学
4号
考场
昨晚你講過的，我都會背了！

《小百科》

這一題懂的請舉手。
我！
這一題懂的請舉手。
我！
好好吃啊！不知道會不會胖？
我知道！會！
年糕從小就什麼都知道，號稱行走的小百科。
嗯？

年糕

處女座

生日：9 月 8 日

身高：181 公分

喜歡的學科：公民

（年糕擬人介紹）

年糕的遊戲空間
Niangao's Game Zone

第七十七回◉南北歸一

西元**581**年，**隋取代北周**。

南北朝大劇終於到了**最終階段**。

中國人民革命軍事博物館
《中國戰典》：
「南北朝末期……北周大
定元年（五八一年）二月，
總攬北周大權的大丞相楊
堅廢周立隋。」

先說**北邊**，

北邊是隋朝，
老大是**隋文帝楊堅**喵，

白壽彝《中國通史》：
「（楊堅）經過一番『禪讓』之後，便正式做了皇帝，國號隋，改元開皇，定都長安。歷史上稱他為隋文帝。」

靠著**老東家「犯蠢」**和自己**「能力強」**，
坐上了**皇位**。

白壽彝《中國通史》：
「楊堅趁北周主幼臣愚，奪取了北周政權，建立了隋朝。」

楊堅喵是個**不錯**的皇帝，

《隋書．帝紀第一》：
「高祖大崇惠政，法令清簡，躬履節儉，天下悅之。」

認真加班，**勤政愛民**。

白壽彝《中國通史》：
「隋朝建立以後，隋文帝在政治、經濟、軍事各個方面都進行了改革……」

隋朝**實力**瘋狂**上漲**。

白壽彝《中國通史》：
「隋朝的各項政治、經濟政策，鞏固了政權，發展了社會經濟，使隋朝很快富強起來。」

而**南方**則是**陳朝**，

白壽彝《中國通史》：
「南朝卻處於日暮途窮之中，自梁末侯景之亂後，始終沒有恢復元氣。」

陳朝皇帝**叔寶**喵，

軍事科學院《中國軍事通史》：「自陳霸先取代蕭梁政權而建立陳朝，傳至後主陳叔寶。」

不僅**琴棋書畫**無一不精，

石俊志《中國貨幣法制史概論》：「陳後主陳叔寶……是琴棋書畫無所不精的高雅之君。」

詩詞歌賦更是樣樣都行。

臺靜農《中國文學史》：「（陳後主）將靡麗的詩與淫佚的生活打成一片，荒淫縱恣，詩酒留連（同『流連』），極人間未有之享受。」

呃……除了**治國**……

軍事科學院《中國軍事通史》：「後主陳叔寶即帝位後，『怠於政事』，每日深居宮中，與佞臣愛妃飲酒作樂……朝政大權完全為宦官奸佞所操縱，致使朝政日非。」

在南北朝**歷史上**，

南邊就數**陳朝**混得**最差**，

胡阿祥、李天石、盧海鳴《南京通史・六朝卷》：「陳朝是南朝中實力最弱（的王朝）……蕭梁後期的長期戰亂，留給陳朝的是殘破不堪的江南地區，以及動盪不安的中央政權。」

領土面積最小，

白壽彝《中國通史》：
「從東晉到宋、齊、梁、陳，以陳的疆域最小……」

喵民數量最少，

中華人民共和國財政部《中國農民負擔史》：
「（劉宋）孝武帝劉駿大明八年（四六四年），宋國……四百六十八萬五千五百零一人……」
國家社科基金資助項目《中國人口通史》：
「（齊人口）中期當與劉宋大明時差不多……」「（梁人口）在齊永明末年或宋大明八年的人口水平。」
軍事科學院《中國軍事通史》：
「（陳）人口比（宋）約減少一半……」

國家經濟最差。

軍事科學院《中國軍事通史》：
「陳朝是在平定侯景亂梁之後建立起來的政權……社會生產雖然有所恢復，但其經濟實力仍不及前代各朝雄厚。」

反正，一個能**統一**天下的細胞都**沒有**……

白壽彝《中國通史》：
「正當隋朝日益富強的時候，陳朝則每況愈下，正在走向衰亡。」

那麼……

強大的隋朝為啥不趕快把陳朝**給滅了**呢？

原因是陳朝家門口有條**長江！**

軍事科學院《中國軍事通史》：
「（陳朝）有長江天險作屏障，並於沿江要點駐軍防守。」

這**天然屏障**的存在，

確實讓隋朝**不敢輕易亂動**。

軍事科學院《中國軍事通史》：「為確保南下滅陳這一戰略目標的順利實現……楊堅自建隋至攻陳的八年時間裡，反反複複地與臣下討論研究平陳之策。」

於是乎，楊堅喵決定細化**討伐方案**。

他先在**上游造船**，

軍事科學院《中國軍事通史》：「（楊堅）下令在長江上游地區『大作戰船』……」

然後每天滅陳的**口號喊得響亮**，

軍事科學院《中國軍事通史》：「（楊堅）訓練水軍，抓緊戰前準備。」

還讓大量造船的**廢木材**順流**往下漂**。

軍事科學院《中國軍事通史》：「為使陳人確信上游隋軍造船是事實，楊堅令造船者『投其柿（柹）於江』，順江漂下大量造船廢木料。」

這讓下游的陳朝**嚇得不輕**，

軍事科學院《中國軍事通史》：「（楊堅）擺出一副即將順流而下的進攻姿態，以此吸引陳朝統治者的注意力。」

所以隋軍一有動靜，
他們就**集結軍隊**。

軍事科學院《中國軍事通史》：
「陳叔寶果然上當，誤認（為）上游隋軍即將發動進攻，遂命散騎常侍周羅睺『帥兵屯峽口』。」

可當陳朝把**架勢擺好**，

隋軍就迅速**解散**，

軍事科學院《中國軍事通史》：
「但當『陳人以為隋兵大至，急發兵為備』之時，隋軍便立即解散。」

留下陳軍在那兒**一臉問號**。

這樣的行動，

楊堅喵還**專門**找準**農忙時期**進行。

軍事科學院《中國軍事通史》：「楊堅『嘗問熲取陳之策』，高熲建議在江南收穫季節，調集一部兵力，採取虛張聲勢之法，擺出進攻的架勢……」

陳朝那邊一開始**幹農活**，

軍事科學院《中國軍事通史》：「迫使陳朝屯兵守禦，以此耽誤其農時。」

隋軍就**假裝**要**進攻**。

《資治通鑑．卷一百七十七》：「（隋兵）大列旗幟，營幕被野……」

陳軍**準備好**了，

隋軍就**「鳴金收兵」**。

軍事科學院《中國軍事通史》：「待陳大軍集齊，隋軍便解甲收兵。」

久而久之，
陳朝被搞得**警惕性全失**，

軍事科學院《中國軍事通史》：「如此反覆多次，陳軍必定習以為常，麻痹不備。」

即使號角吹響，也都**懶得戒備**……

軍事科學院《中國軍事通史》：「一旦隋軍真正出兵進攻之時，陳軍因喪失警惕必然不信。」

這樣的結果完全在楊堅喵的**掌控之中**。

緊接著，他還寫了陳朝皇帝的20條**罪狀**，

軍事科學院《中國軍事通史》：「（隋）開皇八年（五八八年）三月，楊堅頒佈伐陳令……並歷數陳後主叔寶的二十條罪狀。」

然後弄了30萬份**到處發**。

《資治通鑑．卷一七六》：「……散寫詔書三十萬紙，遍諭江外。」

陳朝的**喵民**本來就對皇帝很**不滿**，

軍事科學院《中國軍事通史》：「陳朝統治集團政治上腐敗不堪，不得民心。」

經過楊堅喵這麼一頓**唱衰**，

更是**盼望**著**解放**。

軍事科學院《中國軍事通史》：

「楊堅此舉的目的……是為了揭露陳叔寶的黑暗統治，爭取江南士民對隋軍即將南進之舉的同情和支持。」

當陳朝的**軍心**和**民心**都被充分**掌握**時，

楊堅喵等待的**時機**也就**到了**。

何曉明《中國皇權史》：

「經過幾年的精心準備，文帝見時機成熟……此時的陳朝，主諳（黯）臣佞，民怨沸騰，軍備荒弛，兵無鬥志。」

西元**588年**，

軍事科學院《中國軍事通史》：
「（楊堅）乃於開皇八年（五
八八年）十月，開始部署南進
事宜。」

楊堅喵召集隋軍**五十萬**，
分八路進攻陳朝。

軍事科學院《中國軍事通史》：
「（楊堅）調集……水陸軍五
十一．八萬人……」「隋軍兵
分八路……」

而當時的陳朝上下，
則還在**開派對**……

軍事科學院《中國軍事通史》：
「楊堅正是選擇陳朝慶祝元會
之日，命令下游各路隋軍渡江
作戰的……陳叔寶大會群臣，
陳朝上下完全沉醉在元會的慶
祝之中。」

等到真**反應過來**時，

軍事科學院《中國軍事通史》：「當長江下游各路隋軍同時發起進攻之後，消息傳到建康，陳叔寶如坐針氈。」

一切……已經**來不及**了。

就這樣……

陳朝很**「隨意」**地**退出**了歷史舞臺。

王保國《中華民族分裂時期統一策略研究》：「在出兵不到四個月的時間裡，陳所屬『州三十，郡一百，縣四百』都歸入隋朝的版圖。至此，隋滅陳的戰爭結束。」

陳朝的滅亡標誌著**南北朝**時代的徹底**結束**，

軍事科學院《中國軍事通史》：「隋王朝北擊突厥和南下滅陳戰爭的勝利，結束了自東晉以來南北長期分裂、混戰的紛亂局面。」

西晉末以來的**民族矛盾**，
此時已**不復存在**。

朱紹侯、龔留柱《中國古代史教程》：「隋朝建立後，隋文帝採取了一系列加強中央集權和發展社會經濟的措施，增強了國力……同時，經過兩晉南北朝時期的民族鬥爭和融合，南北對峙中的民族矛盾漸漸散淡。」

在經歷兩百七十多年**分裂**後，
華夏大地**重歸一統**。

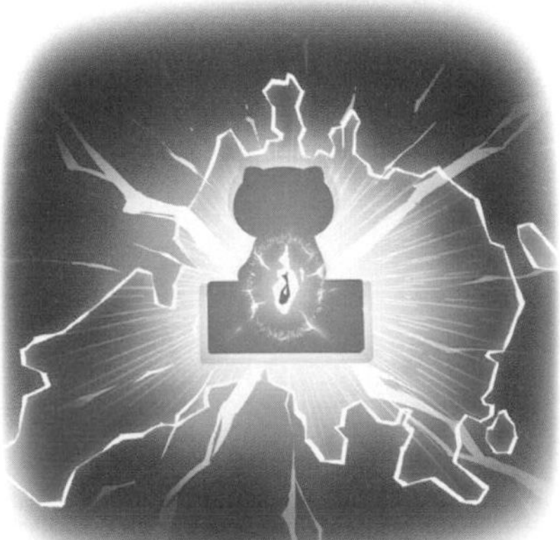

中國人民革命軍事博物館《中國戰典》：「（隋滅陳）結束了自東晉十六國以來兩百七十餘年南北對峙分裂的局面，重新統一了中國。」

而這個**新時代**的**開啟者**，正是隋朝。

軍事科學院《中國軍事通史》：「『陳國皆平』，隋文帝楊堅勝利完成了『統一寰宇』的歷史任務。」

大一統的勝利，
使全國範圍內**形成**相對**安定的局面，**

社會**生產力**進一步得到**發展，**

軍事科學院《中國軍事通史》：「南北統一的實現和全國範圍的相對安定局面的形成，為推動社會生產力的進一步發展……創造了極為有利的條件。」

為國家**政權**的**鞏固和強盛**提供了有利條件。

軍事科學院《中國軍事通史》：「文帝楊堅鑒於統一大業已經完成，遂實行戰略性轉變，著力於國家的和平建設，並把隋朝建成為國力強大的封建帝國。」

中國，

即將步入**封建統一**帝國的**穩定發展階段！**

王保國《中華民族分裂時期統一策略研究》：「隋王朝像秦王朝一樣，為一個更加偉大的王朝的誕生鋪平了道路，開啟了(其)百年的繁榮。」

那麼接下來的故事又是怎樣的呢……

（且聽下回分解。）

編者按

楊堅自執政到代周建隋只用了一年左右，為什麼滅掉「每況愈下」的陳朝、統一天下，卻用了近十年的時間？除了因為長江天塹，還有個更複雜的原因，那就是突厥。隋的統一，從戰略上經歷了從「先南後北」到「先北後南」的變化。南北朝末年，實則有隋、突厥和陳三個主要政權。隋原計劃先滅陳再北擊突厥，可突厥頻繁來襲對隋造成了威脅，隋果斷調整：先用「遠交近攻，離強合弱」對突厥進行政治分化，同時伺機出兵反擊；對陳朝則採取守勢，暗中觀察準備。待北方已定而伐陳準備就緒，才轉守為攻，趁其不備揮師渡江，一舉得勝。隋取得最終勝利絕非僅靠武力，而是經過細緻佈局、精心準備才果決出手的，而這樣的運作也為其帶來好開局，隋一度成為當時世界上國富兵強的國家。

楊堅——年糕（飾）

參考來源：《隋書》，《資治通鑒》，白壽彝《中國通史》，臺靜農《中國文學史》，何曉明《中國皇權史》，軍事科學院《中國軍事通史》，石俊志《中國貨幣法制史概論》，朱紹侯、龔留柱《中國古代史教程》，中國人民革命軍事博物館《中國戰典》，國家社科基金資助項目《中國人口通史》，王保國《中華民族分裂時期統一策略研究》，中華人民共和國財政部《中國農民負擔史》，胡阿祥、李天石、盧海鳴《南京通史 · 六朝卷》

【宣傳「了得」】

隋軍得勝，
俘獲陳軍後會放陳軍回家，
不過同時把隋文帝
寫的文章給了他們，
讓他們沿路分發。
就這樣，隋朝的名聲更大了。

【空間不足】

在隋文帝的治理下，
隋朝富強到國庫全部被堆滿了，
還是有很多財物寶貝沒地放，
隋文帝只能在擴大庫容的同時，
發佈減租免租的詔令。

【風流才子】

陳叔寶很會寫詩，
遊宴詩、豔情詩、邊塞詩、
詠物詩都信手拈來；
最擅長的自然是豔情詩，
描述女子之美或者男女之情。

下回再見！